スマートモビリティ革命
未来型AI公共交通サービスSAVS

Smart
Access
Vehicle
Service

中島秀之・松原仁・田柳恵美子（編著）
スマートシティはこだてラボ＋未来シェア（著）

FUN Press

刊行にあたって

公立はこだて未来大学出版会 FUN Press は，公立はこだて未来大学からの出版として，オープンな学舎にふさわしい外の世界に開かれた研究・教育・社会貢献の活動成果を発信してゆきます．またシステム情報科学を専門とする大学として，未来を先取りする新しい出版技術を積極的に活用します．

シンボルマークは，ユニークな知をコレクションし，「知のブックエンド」に挟んで形にしていくという，出版会の理念を表現しています．

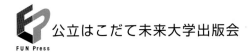
公立はこだて未来大学出版会

本書の出版権および出版会シンボルマークの知的財産権は，公立大学法人公立はこだて未来大学に帰属します．無断複製を禁じます．

アート・ディレクション　原田　泰（公立はこだて未来大学）
編集協力　近代科学社

序章

スマートモビリティ革命へ向けて

田柳 恵美子, 松原 仁, 中島 秀之

i.1 「未来型 AI 公共交通サービス SAVS」の解題

　今,世界では人や物の移動(モビリティ)をめぐる様々な変革——モビリティ革命が起きている。2018 年に日本を騒がせたのが,「MaaS (Mobility as a Service)」という「移動のサービス化」を意味する言葉である。従来は道路や線路,その上を走る車両と交通網といったハードインフラが中心だった世界から,人や物の移動というサービスインフラ中心の世界への,パラダイムチェンジを提起する枠組みである (2 章, 3 章で言及する)。しかしながら,MaaS が目指す異なる交通手段の統合(マルチモーダル化)の議論においては,おおむね既存の交通手段が想定されており,これまでにない新しい交通手段の導入や,既存の交通の大胆な改革などの議論は,MaaS の枠組みにはほとんど含まれていない。一方で本書の射程は,モビリティ革命のさらにその次に来る,よりインテリジェントでよりデータ駆動の次世代モビリティへの変革——「スマートモビリティ革命」と言いうるものへ向いており,交通手段や移動のインフラそのものの変革を志向している。その根幹となる技術を追求し,世に先駆けて社会実装を進めているのが,本書のサブタイトルでもある「未来型 AI 公共交通サービス SAVS (Smart Access Vehicle Service)」である。AI とは,もちろん人工知能,Artificial Intelligence のことである。交通・移動サービスの領域に,最先端の AI 技術を導入し実装したものが,我々の提案する「SAVS: Smart Access Vehicle Service」(読み方は [サブス : スマートアクセスビークルサービス]) である。

序章　スマートモビリティ革命へ向けて

　本書の目的とするところは，第1に，我々のチームが進めてきた「未来型AI公共交通サービスSAVS」の研究開発と社会実装のこれまでの展開について解説することである。最初の論文に遡れば17年，その後，何年か間を置いて再び実装研究に着手して8年がすでに経っている。第2に，世界と日本の公共交通の現状と課題について，より俯瞰的かつ長期的な視点から解読することである——MaaSブームの周囲のノイズに惑わされず，モビリティ革命によって破壊されつつある旧い業界慣習を踏み越えて，次世代の制度設計に鋭く感度を働かせるには，MaaSという概念の政策的背景から含めて深く理解することが重要である。第3に，SAVSが見据える「スマートモビリティ革命」とは何か，そこで求められる新たな技術，新たなサービス人，新たなユーザ行動，新たなモビリティデザインとはどのようなものかについて，未来ビジョンを提示することである。

i.2　デマンド交通の潜在的可能性を解き放つ

　我々のチームが開拓しているのは，「デマンド交通」と呼ばれる領域である。文字どおり，デマンド＝呼出しに応じて（オンデマンドで）車両が配車されるサービスで，タクシーのようなプライベートなサービスは除き，第三者との乗合いを前提とした交通手段が，デマンド交通と呼ばれている[1]。従来のデマンド交通には，高齢者を病院やデイケアセンターなどへ送迎する福祉バスや福祉タクシー，主に過疎地域・移動困難地域の生活の足として運営されてきたデマンドバス（町バスやコミュニティバスなど，様々な愛称で呼ばれる）がある。福祉バスや福祉タクシーが，特定目的交通 (Special Transportation Service: STS) と呼ばれ，特定条件の下にある者だけが利用できるサービスであるのに対して，デマンドバスは，基本的には広く公衆を対象とする公共交通である。日本の地方では公共交通利用者の減少に伴って，路線バスを全廃させ，住民の足をすべてデマンドバスに置き換える市町村も増えている（比較的規模の大きい地域で有名な先行例として，人口7万人の岡山県総社市が知られている）。同じ公的補助金を投入するならば，空っぽに近い路線バスを走らせるよりは，個々の乗客の予約や呼出しに応じたデマンド交通に転換す

---

[1] 2000年代以降に起こったUberやLyftなどの新しいライドシェアサービスも，デマンド交通と呼ばれる（1章で詳しく言及）。

ることで，1人でも多くの利用客を乗せて，より効率的に運行することが目指されている．

　我々が実現させようとしているデマンド交通は，過疎地域にとどまらず，中小規模の都市から大都市まで，あらゆる規模のデマンドに対応できる公共交通である．上の例に挙げた過疎地のデマンドバスが，スケールフリーになったものを想起してほしい．これまでデマンド交通は，大規模需要地域には適さないと考えられてきた．主たる理由として語られるのが，都市型需要は多様で多方向性があり，乗合いが増えれば増えるほど回り道が多くなって，結果的に路線バスよりも時間がかかる——という説である．これには確たる論拠がなく，人間の直感に近い仮説である（2章，4章でこの検証について詳しく述べる）．もちろん，デマンドの受付け，乗合いの組合せや経路を決める作業をすべて人手に頼っているかぎりは，確かに非効率な結果になることが予想できる．しかし，コンピュータによる経路設定や所要時間の計算が簡単にできるようになり，かなりのレベルで自動化されてくると，複雑なデマンドがよりスマートにオペレーションされる．そんな世界に，ようやく以前よりも想像が及ぶようになってきた——それはごく最近のことである．

　2011〜12年頃，交通の専門家に対して「都市全域でデマンド交通を動かす」という我々のアイデアを紹介すると，「そんなことできるはずがない」と半分怒り顔になられたり，「なんのことだかわからない」とポカンとした顔をされたりしたものだった．それがこの5年ほどの間に状況が様変りし，今では交通とは無関係な業界の人や，自治体の交通担当の人などからも，実証実験をしてみたいという問合せをひっきりなしにもらうまでになった．

　我々はデマンド交通の存在意義を，「路線バスより便利で，タクシーより安い」公共交通と考えている．ところが現状の過疎地で運営されるデマンド交通は，ほとんどがそうはなっていない．利用時間帯が限られる，事前予約が必要，ドアツードアになっていない，過大な公金が投入されていながら依然として利用客が少ない，といった問題を抱えている．また地方へ行けば行くほど，狭い地域に目的別（管轄省庁別）のデマンド交通がいくつも走っていて，規制上これらの利用が縦割りになっているということが多い．結果として，デマンド交通の意義が十分に発揮されず，「路線バスより不便で，タクシーより高くつく」という，理想とは真逆の現実に陥っている（こうした背

序章　スマートモビリティ革命へ向けて

景については本書の 1 章や 8 章で詳しく述べる）。

　我々のねらいは，いまだ封印されたデマンド交通の潜在的可能性を，一気に解き放つことである。現状の過疎地域でのデマンド交通の効率向上だけでなく，これまでにない高需要地域＝すなわち都市型のデマンド交通を実現させることが，未来のスマートモビリティ社会には必須である。そのためには，既存の公共交通網の再編や，地方都市での圧倒的多数を占める自家用車利用を公共交通利用に転向させるなどの，抜本的改革が必要である。交通・移動のビジネスモデルが変わり，人々の交通意識・行動が変わる――大胆な未来ビジョンを描ける都市・地域に，いち早く未来型公共交通をもたらすことが，我々の目標である。

i.3　多目的・多方向・多量の乗客を運ぶ「マルチデマンド交通」

　デマンド交通は，これまでにもいくつかの類型化がなされてきたが，このような旧来とはまったく発想も技術も異なるデマンド交通を，ひとことで説明するような用語はない。これまで我々は，「リアルタイムフルデマンド交通」などと，既存の用語の組合せで表現してきたが，どうもしっくりこない。また，「乗合い」「相乗り」などの表現を使うと，すぐさま「いろんなところに寄り道するので時間がかかりそう」という反応が返ってきて，これもしっくりこない。我々の考えるシステムでは，実際には，個客や運用側が設定する要望条件（5 分以上待たされたくない，10 分以上到着が遅れてほしくない，など）を満たすよう最適化計算されるので，延々と乗合いが生じて待たされるなどということは起きない。

　多量で多様なデマンドは，AI の計算によって人間が考える以上にスマートにオペレーションされることになる。このようなデマンド交通を，我々は「マルチデマンド交通」と呼ぶことにする。「マルチ」は，同時多発，多目的，多方向などの，都市交通の特性を表している。また，キーとなる AI 技術であるマルチエージェント の「マルチ」にもかけている。また最近では，より直観的に伝わりやすい愛称として「AI 便乗（びんじょう）」を用いたりしている。

　ごく最近まで，デマンド交通は過疎地域や移動困難地向けの対応策で，大規模需要地域には不向きと言われてきた。ところが最近，都市部での利用が

i.3 多目的・多方向・多量の乗客を運ぶ「マルチデマンド交通」

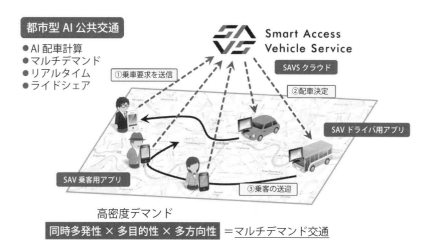

図 J.1 マルチデマンドプラットフォーム SAVS の概要

徐々に広がりつつある。その背景には，やはり MaaS の影響がある。MaaS は，既存の多様な交通手段を横断して（＝マルチモーダル），移動サービスをワンストップで提供することを目指している。A 地点から B 地点の移動に対して，鉄道，地下鉄，市電，路線バスといった旧来型の公共交通を横断し，さらにはこれらが走っていない空間（いわゆるファーストマイル，ミドルマイル，ラストマイル）の移動サービスも併せて提案する。A 地点から B 地点までの移動サービスに隙間があっては，MaaS は完遂しない。

既存の公共交通の間隙を埋める（あるいは間隙も含めて隙間なく埋める）移動手段としては，これまでは徒歩，自転車，タクシー，レンタカー，バイク，自家用車であった。そこで主たる手段として選ばれてきたのが，どの国，都市でも，自家用車であり，この自家用車の普及が，公共交通の衰退にもつながってきた。一方，MaaS のトレンドでは，環境問題や渋滞緩和の観点から，自家用車はできるだけ排除する動きになっている。MaaS の生誕地ヘルシンキでは，電車とバスに加えて，タクシー，レンタカー，レンタサイクルをセットにしたお得な定額料金制度を導入し，脱自動車政策を強力に推進している。他の都市でも同様で，スマートモビリティ先進都市と言われる地域では，これにデマンド交通と電気自動車を組み合わせた運行実験など，次世

序章　スマートモビリティ革命へ向けて

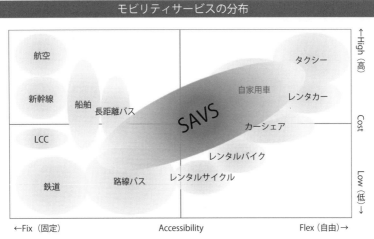

図 J.2　AI 公共交通サービス SAVS のポジショニング

代のスマートモビリティを目指した試行が行われている。例えば，ロサンゼルスの地下鉄では，異なる系統の駅間をショートカットして移動するために，同じ駅へ向かう人同士の相乗りを想定したデマンド交通の導入を試験的に始めている。

　これらはまだ都市の一部での利用にとどまっており，より広域・全域での展開，都市型の高密度デマンドに対応する（つまり既存の公共交通をまるごと置き換えるような）展開という意味では，本格的な展開はまだこれからだ。しかし我々は，まもなくそうした取組みのグローバル競争が始まると見ている。なぜなら，我々と同様，都市型マルチデマンド交通に対応できるような技術を有すると思われる海外のベンチャー企業が，国境を超えて次々と大手自動車メーカーの傘下などに入り始めているからである。

i.4　マルチデマンド交通を成立させる AI 技術

　SAVS プロジェクトは，「デマンド交通は都市部にこそ必要」という仮説からスタートした。都市の高密度高需要デマンドに対応する公共交通を実現するには，高度な最適化を果たす配車計算が必要である。不特定多数の個客からの，多目的で多方向性を持つデマンドを，マルチエージェント技術を用い

て最適に配置していく——この複雑な最適化計算には，最先端のAI技術が必要とされる．我々のSAVSは，まさにこの高密度な需要をAIでオペレーションする「都市型AI公共交通」を実現させるものだ．

　我々のチームの核となるメンバー，中島秀之と野田五十樹は，2000年代のはじめに，AIの一分野であるマルチエージェント技術を，実社会のシステムに応用する研究に取り組んでいた．その一環として当時全国で導入され始めていたデマンド交通に注目し，2002年にはマルチエージェント社会シミュレーションにより都市型デマンド交通の効率性を実証する研究成果を発表[2]している（詳しくは2章，4章）．都市型デマンド交通の優位性を提起した研究は，本論文が世界初であり，現時点でもなお世界唯一であると考える．研究発表をせずに，秘匿して実用化をねらうという民間企業の取組みが他にあってもおかしくないが，いまだ相当の交通サービスが登場していないことからみても，2000年代初頭でそのような都市型モデル——都市の高密度高需要地域で，同時多発的に発生し続ける多方向性を持ったデマンドを，リアルタイムで最適な相乗りの組合せに編成し，最適なルートで運行し続ける——を考えていたチームは，我々以外にはないと考えるのが妥当であろう．

　我々のチームも，机上の理論研究を実証研究として再スタートさせるまで10年間の年月を置いてしまったが，2013年には函館で実車両と模擬乗客を用いての最初の運行実験を行い，マルチデマンドに対応乗合いを成立させながらリアルタイムで完全自動配車する公共交通の運行実験に，世界で初めて成功した．その後も運行実験を続け，2016年にはNTTドコモと共同で，首都圏での過密デマンド実験にも成功し，その後も多くの実運用に近い実験を展開している．

　このAIのアルゴリズムから生まれゆく都市型AI公共交通——すなわちユーザ一人ひとりの多様な要求に対応しながら，すべてのデマンド間の競合関係を調整し，すべてのユーザの要求条件を最大限損ねることのないようデザインされたサービスは，モビリティからスマートモビリティへ，さらにはスマートシティへとサービスのプラットフォームを進化させる上で鍵を握る．

---

[2] 太田正幸，篠田孝祐，野田五十樹，車谷浩一，中島秀之．「都市型フルデマンドバスの実用性」情報処理学会高度交通システム研究会研究報告，2002-ITS-11-33 (Vol. 2002, No. 115 ISSN 0919-6072)，2002年11月．

序章　スマートモビリティ革命へ向けて

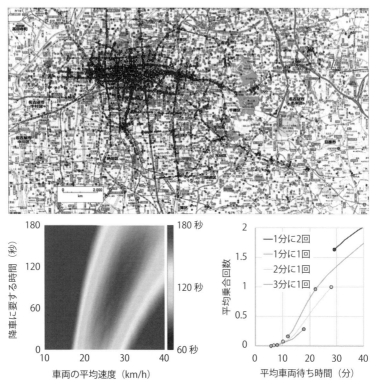

図 J.3　既存の交通移動データに AI を活用した SAVS 運行シミュレーション例

　なぜなら，この技術とサービスは，交通・移動の領域のみならず，あらゆる分野領域のサービスにおいてキーテクノロジー，キーサービスとなるからだ。もちろん，それは簡単なことではない。各領域でどれだけの実証実験と実運用を重ね，固有の特性をどれだけ学習し進化させていけるか，その力量とセンスが問われる。しかし，その基盤となるマルチエージェント技術，さらにはディープラーニング（深層学習）やマシンラーニング（機械学習）等を含めた AI 技術は分野領域を超えて必須である。いかにして多元的，多目的，多基準なデータ群から最適な解を導き出せるか――計算アルゴリズムの切磋琢磨が競争の核となる。

　我々のライバルとなりうるチームの実力や勢力図は，まだつかみきれてい

ない。世界でも少数の研究開発チームが存在することはわかっているが，これから徐々に（いや急速に？）その社会応用の姿を見せてくるであろう。その中でも我々のSAVSチームはこの7年間，日本国内のみではあるが，どこの誰よりも多様な主体との連携による多様な実証実験を行っていると自負している。本書では，その全貌と今後の展開へのビジョンを，本格的なブームに先立って公開することで，スマートモビリティへの理解を深め，実践者を増やし，その変革を加速することで，周回遅れといわれる日本のモビリティ革命の状況を一気に巻き返すことにも貢献したい。

i.5　SAVSプラットフォームの社会実装

　SAVSプラットフォームには，現時点で最適と思われる技術とアーキテクチャを採用している。その社会実装デザインを担うのは，産学共同によるSAVS開発のパートナー企業，株式会社アットウェア（本社：横浜市）である。SAVSチームは2013年から，クラウドシステムの構築を得意とする同社にプラットフォームとアプリケーションのシステム開発を委託してきた。

　現在に至るまで，SAVSプラットフォームは数回のバージョンアップを遂げているが，現在はクラウドAPI (Application Programming Interface)の提供という構造となっている。MaaSの概念が世に提起される以前から，サービス中心の交通社会の到来を予想して，インターネット上で各種のサービス連携を取りやすい仕組みが必須と考えてきた。APIを出入口とするクラウド内は，マイクロサービスアーキテクチャと呼ばれる分散設計技法を採用し，各役割を担う機能ごとにAPIを持つサービスが緩やかに連携し合い，最終的に一連のサービスをアプリケーションを通じて提供する。例えば，乗客と車両をマッチングするAPI，料金を計算するAPIが組み合わさって，配車決定と共に事前確定料金が通知されるといったイメージである。

　このアーキテクチャの採用により，計算コストが高いサービスのみ高性能のCPUを使ってメモリの割当て量を増やし，アクセス数の多いサービスはスケールアウト（並列分散化）するなど，クラウドの長所を活かした規模と状況に応じた柔軟性と拡張性を備えた堅牢なサービスを提供できる。配車計算APIのみを使って特殊なシミュレーションを行うなどの応用も容易であれば，他社が提供するクラウドAPIへ接続し機能を拝借することも可能だ。将

序章　スマートモビリティ革命へ向けて

来的にはSAVSプラットフォーム自体が，より上位のプラットフォームのマイクロサービスの一部となり，他の交通サービスやデータ提供サービスと連携したMaaSプラットフォームへ，さらにはエネルギーや医療，健康，観光などの多様な領域と横断連携したスマートシティプラットフォームへと進化していくことになるだろう。

　上述のように，SAVSは表面上，シンプルなAPIを提供するプラットフォームである。シンプルであるからこそ応用範囲も広く，人を運ぶ公共交通のみならず，物流への応用や，人と物を一緒に運ぶ貨客混載の配車計算も可能である。鉄道やバスのリアルタイムロケーションシステムと連携し，遅延状況に合わせたデマンド交通の配車制御も可能である。さらにはホテルへのチェックインタイム遅延の自動お知らせ，レストランの予約時間の調整など，移動手段やサービス領域を超えたリアルタイムな同期システムが，最適化計算によって矛盾や競合を調整しながら，スマートに働くようになる。

　どの業界でも運転手不足は深刻である。やがて運転手は業種を超えて働くようになるだろう。同じ車両で，朝はスクールバス，昼は買物客と宅配便の混載移送，夕刻は通勤客，夜は会食や観劇帰りの人々の送迎，土日は観光客の遊覧ツアーといった具合に，社会のデマンドに応じて車両がフル稼働するといった具合だ。近未来に自動走行車が普及し人間の運転手が不要になったとしても，移動サービスの社会的・経済的価値は拡充し続け，その中で人間にしかできない仕事が減るどころかむしろ増えるだろう（こうした未来像については，3章でさらに論じる）。

i.6　本書の成り立ち

　序章のさいごに，本書の編者・著者と，本書の構成について解説する。本書の執筆陣は10名と多数に上ることから，著者名は，「スマートシティはこだてラボ＋未来シェア」としている。「スマートシティはこだてラボ」は，公立はこだて未来大学の重点・戦略研究プロジェクトとして発足した組織で，同大学のメンバーを中心に，SAVS研究チームの全員を緩やかに包含している。「株式会社未来シェア」は，SAVSの社会実装を本格展開するために2016年に設立された，公立はこだて未来大学発のベンチャー企業である（本社：函館市；http://www.miraishare.co.jp）。10名の執筆者は，この2つの組織

の両方または片方に所属している人間から構成されている（各執筆者のプロフィール詳細については，巻末を参照されたい）。

本書の編者は，スマートシティはこだてラボの最初のリーダー（当時は公立はこだて未来大学学長）である中島秀之（現・札幌市立大学学長），同ラボの現リーダーである松原仁，同ラボメンバーの田柳恵美子（公立はこだて未来大学社会連携センター長）が担当した。

本書の内容構成は以下のとおりである。

1章で，知識科学や政策科学を専門とする田柳恵美子が，主に欧米の政策的背景を遡りながら，代表的な都市の取組み事例を通して，モビリティ革命にすでに折り込まれたスマートモビリティ革命，その先のスマートシティを見据えたビジョンについて論述し分析する。

2章と4章では，2002年の最初の論文の共著者であり，日本を代表する人工知能研究者である中島秀之と，日本のマルチエージェントシステム研究の牽引者である野田五十樹が，それぞれの立場から研究の経緯を振り返る。

3章で，人工知能研究者である平田圭二が，未来技術とサービスについて論じ，さらにはユーザ自身によるモビリティプログラミングという新概念を提示する。

5章で，交通工学の専門家である金森亮が，ビッグデータや機械学習などのAI技術を前提とした新しいユーザ行動の予測手法と，そうした手法にもとづく未来のモビリティデザインについて論じる。

6章ではSAVSの社会実装の展開と課題について，実証実験のリーダーである松舘渉が事例を通じて考察する。

7章では実装開発を担当する落合純一が，SAVSの配車計算の技術について紹介する。また，将来的な自動走行技術の時代とSAVSの展開について，人工知能研究者である鈴木恵二が，テクニカルノートで言及する。来るべき自動走行技術と都市型AI公共交通が合体することで，世界の公共交通と都市機能は一変することになるだろう。

8章では，日本の地域公共交通と交通行政の課題とあるべき将来像について，規制行政に抗いながら（株）コミュニティタクシーを創業し，交通事業への新規参入を果たした岩村龍一が，その実感的な問題意識のもとに論じる。

終章では，スマートシティはこだてラボのリーダーを務めるとともに，公

序章　スマートモビリティ革命へ向けて

立はこだて未来大学の副理事長と，株式会社未来シェアの代表取締役社長を兼務する松原仁が，SAVSプロジェクトのこれまでとこれから，SAVSチームの全貌について改めて言及する。

　読者は興味関心に応じて，どこから読んでいただいてもかまわない。できるだけ専門知識のない方にも理解できるよう，平明な言葉づかいや表現で執筆するよう心がけている。また，流行や賞味期限に惑わされず，できるだけ将来にわたり立ち戻って読み返すことに意義があるよう，内容構成にも注意を払っている。都市工学・社会工学などの関連領域では，大学院の授業の教科書としても使えるだろう。本書があらゆる領域の，あらゆる立場の方々に広く読まれ，未来への交通・移動の変革，さらには都市や地域のスマートシティ，スマートコミュニティへの変革を目指した議論が風発されることを願ってやまない。

目　次

序章　スマートモビリティ革命へ向けて
田柳 恵美子，松原 仁，中島 秀之

- i.1 「未来型 AI 公共交通サービス SAVS」の解題 .... *i*
- i.2 デマンド交通の潜在的可能性を解き放つ .... *ii*
- i.3 多目的・多方向・多量の乗客を運ぶ「マルチデマンド交通」.. *iv*
- i.4 マルチデマンド交通を成立させる AI 技術 .... *vi*
- i.5 SAVS プラットフォームの社会実装 .... *ix*
- i.6 本書の成り立ち .... *x*

1 章　世界の公共交通政策とスマートモビリティ革命
田柳 恵美子

- 1.1 モビリティ革命の源流を辿る *1*
  - 1.1.1 公共交通問題をめぐる 2 つの流れ *1*
  - 1.1.2 アメリカ——交通渋滞対策からカーシェア，ライドシェアへ ... *2*
  - 1.1.3 欧州——脱自動車・公共交通誘導政策としての MaaS ... *4*
  - 1.1.4 ITS からスマートモビリティ，スマートシティへ *7*
  - 1.1.5 欧州のモビリティ先進都市——ウィーン，ヘルシンキの事例 ... *9*
- 1.2 デマンド型公共交通のゆくえ *15*
  - 1.2.1 デマンド交通は過疎地向けという誤解 *15*
- コラム：デマンド交通の運行方式 *17*
  - 1.2.2 第 3 世代のデマンド交通 *18*
- 1.3 未来への動向 *20*
- 参考文献 *22*

xiii

目 次

2章　未来型 AI 公共交通サービス SAVS

中島　秀之

- 2.1 フルデマンド交通への挑戦 23
- 2.2 SAVS の最終イメージ 28
- 2.3 されど苦難は続く 31
- 2.4 時代の変化：MaaS の台頭 32
- 2.5 （株）未来シェアの誕生 35
- 参考文献 37

3章　スマートモビリティを実現する未来技術

平田　圭二

- 3.1 IT で変わるモビリティ 39
- 3.2 IT の歴史における 12 のメタトレンド 39
- 3.3 3 つのメガトレンド——仮想化，集約化，個別化 41
- 3.4 文脈化される空間と移動 43
- 3.5 個々人に最適化されるサービス 45
- 3.6 モビリティプログラミングの台頭 46
- 3.7 移動はマルチモーダルからモードレスへ 47
- 3.8 体験としてのモビリティ 48
- 3.9 社会的創発としてのサービス (SaSE) へ 50
- 参考文献 52

4章　都市型デマンド交通とマルチエージェント社会シミュレーション

野田　五十樹

- 4.1 シミュレーションの必要性 53
- 4.2 仮想都市での MASS 54
  - 4.2.1 碁盤目都市 55
  - 4.2.2 デマンドが一様に散らばっている場合 58
  - 4.2.3 デマンドが集中する場合 59

xiv

	4.2.4 路線バスとSAVSの特性比較	*61*
4.3	実際の都市でのMASS	*63*
	4.3.1 函館での路線バスとの比較	*63*
	4.3.2 全市民が利用したら	*64*
4.4	MASS評価の可能性	*67*
参考文献	....	*67*

5章　未来のモビリティデザインと需要分析・予測・設計手法

金森　亮

5.1	交通需要の把握	*69*
5.2	交通需要分析・予測手法とその説明能力	*72*
5.3	函館市内の交通手段選択モデルの構築事例	*75*
5.4	新たな交通サービスのデザインに向けて	*78*
参考文献	....	*81*

6章　SAVS実証実験の全国展開と未来型AI公共交通への課題

松舘　渉

6.1	社会実装への参画	*83*
6.2	SAVS実証実験第1期（2013〜15年）	*84*
	6.2.1 函館市で世界初のAI公共交通運行実験に成功	*84*
6.3	SAVS実証実験第2期（2016〜17年）	*90*
	6.3.1 東京都心部での過密デマンド乗合い実験	*90*
	6.3.2 観光地での観光利用に特化した実験	*92*
	6.3.3 クルーズ客船寄港地でのインバウンド交通実験	*94*
6.4	SAVS実証実験第3期（2018年〜）	*97*
	6.4.1 名古屋相乗りタクシー実証実験	*97*
	6.4.2 介助付き乗合タクシー実験：愛知県長久手市	*99*
	6.4.3 要支援・要介護者の送迎サービス実験：群馬県太田市	*103*
	6.4.4 NEDO―AI運行バス実験：横浜みなとみらい21・関内地区	*105*

6.4.5　その他の実証実験，今後の計画 *107*
　6.5　課題と将来展望 *108*
　　　6.5.1　SAVS が変えるモビリティデザイン *108*
　　　6.5.2　社会実装における UI/UX の課題と可能性 *112*

7 章　SAVS 実証実験の舞台裏
　　　　　　——マルチデマンド配車計算の実装
　　　　　　　　　　　　　　　　　　　　落合 純一
　7.1　デマンドの前提条件 *115*
　7.2　巡回セールスマン問題とその難しさ *116*
　7.3　組合せ最適化問題とアルゴリズム *120*
　7.4　SAVS の配車問題 *121*
　7.5　SAVS の配車アルゴリズム *126*
　7.6　社会実装に向けて *129*

テクニカルノート　自動運転で走る SAVS の世界
　　　　　　　　　　　　　　　　　　　　鈴木 恵二
　● 自動運転への期待 *131*
　● 公共交通への自動運転の導入 *131*
　● 自動運転で走る SAVS への期待と課題 *133*
　参考文献 *134*

8 章　地域公共交通の現実とモビリティ革命への障壁
　　　　　　　　　　　　　　　　　　　　岩村 龍一
　8.1　SAVS との出会い *135*
　8.2　コミュニティタクシー創業への思い *136*
　　　8.2.1　地域に感謝される仕事で飯を食いたい *136*
　　　8.2.2　「バスでもタクシーでもない」はダメよ *138*
　　　8.2.3　地域公共交通に携わる醍醐味 *140*
　　　8.2.4　ついに乗合バス事業に進出 *141*
　8.3　交通事業における規制の壁 *145*

8.3.1	許認可への道と裏話	145
8.3.2	新規参入を阻む3つの壁	147
8.4	タクシー，バス事業者の置かれた現状	153
8.5	未来への使命	154

終章　SAVSで未来社会を創る

松原　仁

e.1	SAVSプロジェクト	157
e.2	SAVS誕生の地——函館と道南について	159
e.3	研究から社会実装，ビジネスへ	162
e.4	今後の展望	163

SAVS関連 研究成果一覧　　165

編者・執筆者プロフィール　　173

索　引　　177

本書に頻出する英字略語の凡例

（略語／英語正式名称／（読み）／日本語名称）

AI	Artificial Intelligence 人工知能
IoT	Internet of things モノのインターネット
ITS	Intelligent Transport Systems 高度道路交通システム
MaaS	Mobility as a Service（マース）移動のサービス化
MASS	Multi-Agent Social Simulation（マス）マルチエージェント社会シミュレーション
SAVS	Smart Access Vehicle Service（サブス）スマートアクセスビークルサービス

各章執筆者一覧
（プロフィール詳細は巻末 p.173 参照）

序章	田柳 恵美子	公立はこだて未来大学社会連携センター長・教授
	松原 仁	公立はこだて未来大学副理事長・教授，(株)未来シェア代表取締役社長
	中島 秀之	札幌市立大学学長，公立はこだて未来大学名誉学長，(株)未来シェア取締役会長
1章	田柳 恵美子	（序章に同じ）
2章	中島 秀之	（序章に同じ）
3章	平田 圭二	公立はこだて未来大学教授，(株)未来シェア技術相談役
4章	野田 五十樹	産業技術総合研究所人工知能研究センター総括研究主幹，(株)未来シェア取締役
5章	金森 亮	名古屋大学未来社会創造機構特任准教授，(株)未来シェア取締役
6章	松舘 渉	(株)未来シェア代表取締役，(株)アットウェア取締役
7章	落合 純一	(株)未来シェア技術研究員
テクニカルノート		
	鈴木 恵二	公立はこだて未来大学教授，(株)未来シェア技術相談役
8章	岩村 龍一	(株)コミュニティタクシー取締役会長，(株)未来シェア取締役
終章	松原 仁	（序章に同じ）

1章

世界の公共交通政策とスマートモビリティ革命

田柳 恵美子

1.1 モビリティ革命の源流を辿る
1.1.1 公共交通問題をめぐる2つの流れ

　本章では，そもそもなぜ今，モビリティ革命が起きているのか。その背景にある先進国共通の交通課題に立ち返りながら，欧米を中心に推進されてきた改革の経緯と将来について概観する。

　最初に，広く都市交通，地域公共交通が抱えてきた課題が，今日のモビリティ革命に至るまでの流れを振り返る。大きく1つめの流れは，先進都市に共通の戦後モータリゼーションに起因する，自動車通勤と交通渋滞という課題である。2つめの流れは，高齢化・過疎化に伴う交通弱者の増大という課題である。

　図1.1に，これらの流れを俯瞰するロードマップを示した。第1の自動車通勤による交通渋滞の問題について，アメリカとヨーロッパではそれぞれの制度的環境の違いから，異なる解決策が志向された。アメリカでは市民の相乗り（ライドシェア）が政策的に奨励され，そこから民間主導のライドシェア/カーシェアサービスのビジネスが派生した。一方ヨーロッパでは，環境やエネルギーなども含めた総合的な社会政策として脱自動車政策が展開され，公共交通と自転車の利用促進施策が推進された。その結果が，日本でもブームになっている MaaS (Mobility as a Service) という，移動サービスのマルチモーダル (multi-modal) 化，スケールフリー化の流れである。いずれの流れも国内にとどまることなく，いまや世界各国にグローバルな影響力を及

1章　世界の公共交通政策とスマートモビリティ革命

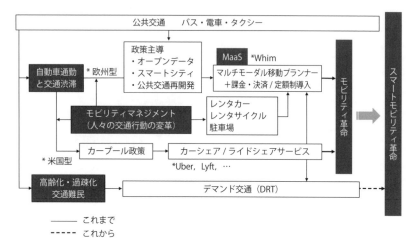

図 1.1　公共交通政策の主要な課題とスマートモビリティ革命への道程

ぼしている。

　第2の高齢化・過疎化あるいは貧困等による交通弱者への対応策としては，デマンド交通 (DRT: Demand Responsive Transportation) が導入されてきた。運行路線と運行時刻が決まっている路線バスとは異なり，人々の呼出し＝デマンドに応じて，ドアツードアもしくは最寄りのミーティングポイントでの送迎配車が行われるのが，デマンド交通である。交通渋滞に端を発するライドシェア/カーシェアサービスが，もっぱら大都市圏を含めて都市部の問題とされるのに対して，デマンド交通は都市の周縁部，都市から離れた過疎地域の問題とみなされてきた。そのため技術システムとしても社会システムとしても，前者に比べると未成熟で開発途上の領域であるが，ごく最近になってその都市型公共交通としての可能性を追究する新たな動き――「第3世代のデマンド交通」とでも呼ぶべきトレンドが見え隠れする。本章では，こうした経緯を代表的な事例の紹介とともに概観し，今後のスマートモビリティ，さらにはスマートシティへの変革の行方について展望する。

1.1.2　アメリカ――交通渋滞対策からカーシェア，ライドシェアへ

　20世紀後半以降，地域公共交通が長きにわたり抱える深刻な課題として，

自動車社会の急速な進展による交通渋滞の深刻化がある。クルマ依存による公共交通離れは，公共交通の遅滞を誘引し，さらにそれがユーザ離れにつながるという，負のスパイラルに陥っている。日本でも，地方では一家に1台どころか，1人に1台が常態化し，歩いて行けるところにすら自動車で移動するようなライフスタイルが蔓延している。

こうした社会問題に対して，アメリカでは，交通渋滞の対症療法としてのカーシェア文化が先行した。ここでいうカーシェアとは，ご近所さんや知合い同士でクルマを融通し合う，お互いに相乗りし合うといった意味合いである。アメリカのカーシェア文化の歴史は長く，1950年代の自動車がまだ少なかった時代の，クルマを持っていない人を持っている人が乗せるといった，相互扶助の相乗りに遡る。その後，自動車の大衆化と普及が急速に進み，人々の生活に欠かせない交通手段となる。交通渋滞はどんどん酷くなり，石油ショックを契機として，1970年代には自家用車通勤に相乗りを促す「カープール」と言われる政策が，いくつかの都市で採られてきた。有名なものとしてサンフランシスコの事例がある。郊外と市街中心部を行き来する通勤自家用車の交通渋滞は，サンフランシスコ湾に架かる2つの橋の存在によって，いっそう激しいものになる。そこで行政は，複数人乗車の自動車には橋や高速道路の通行料の割引と専用レーンの走行という，二重の報酬（インセンティブ）を付与してカープールを奨励した。やがて，郊外側と中心部側の幹線道路沿いには，カープール専用の乗り場が草の根的に発生し，見知らぬ者同士の相乗り行為であるライドシェアが自然発生する。バス停感覚で利用できるこのシステムは，「カジュアルカープール」と呼ばれるようになる。目印となる停留所看板も設置され，行政にも黙認されてきた。

こうしたボランタリベースのカーシェア，ライドシェアの興隆を背景に，通勤用に特化したレンタカーサービスや，民間のカーシェア，ライドシェアサービスが興り始める。北米ではカーシェアやレンタカーに日本のような開業規制がほとんどないので，こうした事業を起こしやすいという。2000年にボストンでZipcarが創業，専用ミニバスを使った乗合送迎サービス事業をスタート，その後，空き駐車場を利用した会員制カーシェア（レンタカー）事業も始め，北米からロンドン，バンクーバーと拠点を広げていった。2013年には大手レンタカーのAvis Budget Groupに買収され，現在も専用車によ

1章　世界の公共交通政策とスマートモビリティ革命

るカーシェアサービスを世界各地で展開している。

そして2010年代には，クルマを持たないマッチングプラットフォームのビジネスが登場する。2009年にサンフランシスコでUberが創業し，2012年に自家用車を運転する登録ドライバーと乗客をマッチングするUber Xをリリース。これは日本でいう白タク業を合法的にビジネス化した，世界最初のマッチングプラットフォームである。2014年には，同方向に通勤（または移動）する少人数の相乗りをマッチングするサービス，Uber Poolを開始する。以降，自社ではクルマを持たず，登録ドライバーと乗客のマッチングプラットフォームの提供を柱として，様々なサービスを自社ブランド中心に展開し，いまや世界各国各都市でビジネスを展開している。Uberは個人ドライバーを集めて契約を交わし，彼らを専用運転手に見立てて乗客とマッチングさせる。相互扶助というよりもむしろ個人ドライバーにビジネス機会を与え，乗客には利便性を与えるビジネスモデルである。こうしたデマンド送迎サービスは次々と現れているが，ボランタリーな相乗りであるライドシェアと区別するために，ライドヘイリング (ride-hailing) と呼ばれるようになっている（hailingとは"呼び出す"という意味）。現状では普通車やバンが中心で，相乗りの人数も効率性と快適性の保持から2〜4人程度に留められているため，乗合バスよりは限りなくタクシーに近いサービスとなっている。

1.1.3　欧州——脱自動車・公共交通誘導政策としてのMaaS

一方，ヨーロッパでも多くの都市が交通渋滞の問題を抱えてきた。アメリカとは異なり，ヨーロッパではEUの政策枠組みのもとで，道路・交通政策，環境・エネルギー政策の両面から，「脱自動車」を目指す社会政策が強力に推進されてきた。脱自動車を促すために，公共交通をより使いやすくして誘導することが，欧州先進都市におけるモビリティ革命の柱となっている。

例えば，スウェーデンのヨーテボリ，オーストリアのウィーンなどでは，昔ながらの古いトラム（路面電車）を生かしながら，電車–バス–地下鉄間など異なる交通手段の乗換え時のバリアフリー化など，公共交通のための公共空間の改革に力が入れられてきた。オランダやドイツの各都市，北欧ではヘルシンキ，ストックホルム，コペンハーゲンなどでは，自転車通勤が奨励され，鉄道への自転車持込み，都心部の自転車レーンや駐輪場の整備に力が入れら

1.1 モビリティ革命の源流を辿る

写真 1.1 フィレンツェ
旧市街の自動車進入禁止区域を縦横に行き交うミニバス

写真
図 1.2 バルセロナ市 自転車戦略のウェブページ
幹線道路の中央分離帯を自転車専用レーンに改修するなど，自転車利用促進策を展開している。

れている。脱自動車の先陣を切ったドイツの環境先進都市フライブルクをはじめ，中心市街地への自動車乗入れ禁止，パーク＆ライド（市街周辺部で駐車→公共交通で中心部へ移動）などの政策を採る街も増加した。

　こうした物理的な都市空間やインフラの改革に加えて，ITの活用によって公共交通をより便利に使いこなすためのシステムとして，乗換え検索を進化させたマルチモーダルな（異なる交通手段を超えた）旅程プランナー (multimodal trip planner) が開発される。鉄道，バス，地下鉄などの公共交通だけでなく，レンタカー，レンタサイクル，駐車場，駐輪場，果てはUberなどのライドヘイリングサービスも含めた複合的な横断検索が可能，ユーザの選好に沿った詳細な条件検索ができるのが特徴で，予約決済や発券サービスも徐々に統合されている。

　このなかで特に注目されているのが，ヘルシンキで2016年から試行されている「Whim」というサービスで，公共交通＋タクシー＋レンタカー＋レンタサイクルの利用をパッケージにして定額料金制で提供するものだ。このサービスは，2014年にヘルシンキの交通関係者が提示したMaaS (Mobility as a Service) という交通改革の概念モデルのもとで展開されている。MaaSは日本語で「移動のサービス化」などと呼ばれる（2章，3章も参照）。これまで鉄道，バス，地下鉄など，交通手段ごとに分断されてきた情報や決済の仕組みを，領域を超えてワンストップで取り扱えるようにすること，さらには，政策分野や地理的境界を超えたサービスプラットフォームへと拡張することがゴールとされている。

　実際のところMaaSは，EUが交通政策指針として2000〜2010年代にかけて提示したものを，「移動のサービス化」という枠組みで整理し直し，段階的な政策過程としてモデル化したものである。注目される定額料金制は，人々の脱自動車と公共交通利用への行動変容を促す報酬（インセンティブ）として，社会政策的な意図をもって設計されている。MaaSはビジネスモデルというよりも，欧州の課題である脱自動車と公共交通誘導というソーシャルイノベーションのプロセスモデルであり，必ずしもすべての都市にただちに有効に導入できるわけではない。それぞれの制度環境に応じた再解釈が必要なことに注意が必要だ。こうした政策の特徴について次に述べる。

1.1 モビリティ革命の源流を辿る

写真 1.2 ウィーン市街
旧くからの路面電車とバス，電気自動車が縦横無尽に市街地を走る。

1.1.4 ITSからスマートモビリティ，スマートシティへ

欧州先進都市の公共交通政策は，交通の枠を超えた「スマートシティ」という将来目標を見据えている。その背景では，EUがより長期的な観点で将来の都市像へのロードマップを描き，各国の動向や先進事例を見据えながら政策指針を提示してきた [1]。

具体的施策を牽引するEC (European Communities：欧州共同体) の各種報告書や政策指針に，今日のモビリティ革命の基本的な事項はすべて網羅されている。2001年には「決断の時」というキャッチフレーズで交通政策白書 [2] が発表される。利用客を中心とした高品質なサービスへの転換，マルチモーダルな (異なる交通手段を統合した) 交通サービスへの改革，ワンストップな発券サービスの実現，そしてEU全土にわたるサービスの拡張など，現在のMaaSに帰結する目標がこの時点ですでに掲げられている。2010年の交通政策白書 [3] では，EU全土への拡張がより明確化され，「欧州で一つの地域交通へ」というキャッチフレーズが掲げられる。2014年に登場したMaaSの最終到達基準であるレベル4 (2章の表2.1参照) では，まさにこのEU全土の地域交通へ向けた「政策統合と社会的スケールの拡張」が概念化されている。こうした政策課題にもとづく研究開発については，ITS (Intelligent Transport Systems；日本では高度道路交通システム) の政策と助成のもと，

上記目標に向けた大型研究開発プロジェクトが各都市で推進されてきた。

こうした動きと並行して，2011年にはEIPs (European Innovation Partnership) [4] という，2020年をゴールとする大型研究開発の枠組みがスタートした。各都市の競争優位を築くフラッグシップイノベーションプロジェクトとして，5つのチャレンジ分野：健康と高齢化，持続可能な農業，水利用，原材料，そしてスマートシティが設定される。スマートシティの開発指針として，① 持続可能な都市の移動・交通，② 持続可能な地域と環境の構築，そして ③ エネルギー×ICT×交通の統合型インフラと領域横断型プロセスの確立，が三本柱で挙げられており，当初からモビリティと環境・エネルギーとの領域横断が意図されている。これはあくまでEUの政策過程にもとづく統合策だが，モビリティ改革が領域横断を志向して前進していかなければ，スマートモビリティ，スマートシティへの発展はないことを示唆する。

さらにもう1つ不可欠な取組みとされるのが，"open data for default"（大前提としてのオープンデータ）を旗印とするオープンな開発競争の促進である。行政，専門機関，業界がデータを囲い込まずオープンにし，それを様々なセクターの開発者が活用し，本当に望まれるアプリやシステムの効果的・効率的な開発が競争的に行われることが，すべての取組みの大前提とされる。実際にはすでに2000年代後半から，オープンデータやそれに伴うシビックテック（Civic Tech：市民のための市民による技術）といったITによる地域エンパワーメント活動が，先進都市では活発に行われ始めていた。ヘルシンキ，バルセロナ，ウィーンなど，オープンデータ化を先駆けた都市は，総じてスマートモビリティの先進都市でもある[1]。交通・移動に関する様々なデータが囲い込まれずに公開され，民間企業から市民団体まで様々なレイヤーの人々がこれらのデータを自由に使って，新しいサービスのアプリケーションやプラットフォームの開発競争が繰り広げられている。

既存のデータ間の動的な組合せ，リアルタイムで収集する動的なIoTデータを活用しようとするスマートモビリティ革命への志向が強まるなか，2000

---

[1] 欧州議会の2014年の報告書[EP2014]では，アムステルダム，バルセロナ，コペンハーゲン，ヘルシンキ，マンチェスター，ウィーンを，2020年へのビジョンに照らして最も成功している6都市と評価し，特に，アムステルダム，バルセロナ，ヘルシンキは，多数の取組みが広範な分野領域にわたって実施されているとしている。

1.1 モビリティ革命の源流を辿る

年代後半頃にキーとなる概念の大きな変容が起こる。都市のインフラとしての「交通 (transportation)」という概念から，人間を中心とする「移動 (mobility)」という概念への主役交代である。この変化を踏まえて，「MaaS (Mobility as a Service)」という概念の枠組みが登場した。

1.1.5　欧州のモビリティ先進都市——ウィーン，ヘルシンキの事例

　欧州で MaaS のトレンドを先導してきた都市のなかから，ウィーン，ヘルシンキの事例を見てみよう。

　オーストリアでは，2004 年にウィーンと近隣の 2 つの州との連携で，前述の ITS (Intelligent Transport Systems) 政策の助成にもとづく大型研究開発プロジェクトが立ち上がる。「都市の移動手段を動的かつ柔軟にネットワーク化し，低環境負荷であると同時に経済効率が高く，社会的にも最適な交通手段を実現させる」(ITS Vienna Region パンフレット) ことを目指し，多数の研究者を雇用，統合的な交通・移動マネジメントの様々な研究開発に取り組んできた。交通機関などの最新データ，リアルタイムデータを収集し，一般にもオープンデータとして公開され，開発競争が推進されてきた。2009 年にはマルチモーダル旅程プランナーとして「AnachB」(図 1.3) がリリースされる。AnachB は，任意の A 地点から B 地点まで，バス・トラム・地

  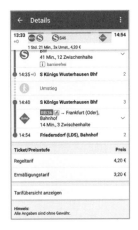

図 1.3　AnachB スマートフォンアプリ画面（Apple Store より）

1章　世界の公共交通政策とスマートモビリティ革命

下鉄・鉄道の乗換え検索や比較はもちろん，自転車が持ち込める車両，レンタサイクル，レンタカー，タクシー，パーク＆ライド，さらにはUberなどまで含めて，緻密な条件検索による計画が可能な旅程プランナーで，現在はオーストリア全土にわたって利用できる．

　また，2014年5月から2015年5月までの約1年間，マルチモーダル旅程プランナーにチケットの予約・決済機能を統合したシステム「SMILE」を用いた実証実験を行っている（図1.4）．オーストリア政府の助成による官民共同研究プロジェクトで，交通機関・関連サービスとして国鉄，ウィーン市交通局，リンツ市交通局，船会社，タクシー会社，サイクルシェア，カーシェア，駐車場などのサービス会社が実験に参加している．前半期は参加企業の従業員ら，後半期は1,000人以上の一般被験者を対象に，専用のスマートフォンアプリ（図1.5）を配布して利用実験が行われた．SMILEに搭載された先進的な機能として，①複数の旅程候補を，移動手段/所要時間/料金/CO_2負荷の各条件でソート，②公共交通のシーズンチケット，特割料金などの選択肢はもちろん，個人プロフィールとの連携でレンタカー，タクシー，カーシェアリングなどのメンバー料金を適用可能，③「今すぐ予約」ボタンで旅行全体が予約され，カード決済により必要なチケットがプロバイダーから購入され，eチケットをアプリ内に保管．タクシーやレンタカーのように走行距離

図 1.4　スマートモビリティ実証実験「SMILE」ウェブサイトより
(http://smile-einfachmobil.at/index_en.html)

1.1 モビリティ革命の源流を辿る

図 1.5 スマートモビリティ実証実験「SMILE」スマートフォンアプリ画面
(http://smile-einfachmobil.at/index_en.html)

がわかってからの支払いの場合には，先に予約だけを行い，利用終了時に利用者のスマートフォン端末に料金がプッシュ通知され，表示画面をタップするだけで決済が完了する．

このほかにも 2010〜2014 年に，多数の自動車メーカー，レンタカー会社などの参加を得て，公共交通と電気自動車・電気自転車のシェアリングサービスを組み合わせて，低環境負荷な移動プランの検索〜予約・決済・発券を行う実証実験「eMORAIL」を実施している（図 1.6）．

一方，ヘルシンキでも自家用車の通勤ラッシュは大きな都市問題となってきた．ヘルシンキの公共交通は，バス，地下鉄，トラム，フェリー，近郊鉄道のすべてが，ヘルシンキ地域交通局 (HSL) という，ヘルシンキ市と周辺 8 市からなる公共交通局によって運営されている．ヘルシンキでは，歩行者と自転車を最優先にした都市再開発が進められており，利用客の多い循環バス路線を新設のライトレールに置き換える，対岸の島との間に新設した橋には自動車を通さず，トラムと自転車と歩行者のみが通行できるなど，徹底した脱自動車のモビリティ改革が行われている．ヘルシンキでは，早くからオープンデータ政策が強力に推進され，充実した交通・移動関連のオープンデータを活用し，様々なマルチモーダル旅程プランナーが開発されてきた．2016 年に，移動の定額料金制をパッケージ化した Whim のサービスがリリースされる（図 1.7）．Whim の特徴は，ウィーンの AnachB と同様，異なる移動手段の横断検索ができると共に，タクシーやレンタカーを含む公共交通の

11

1章　世界の公共交通政策とスマートモビリティ革命

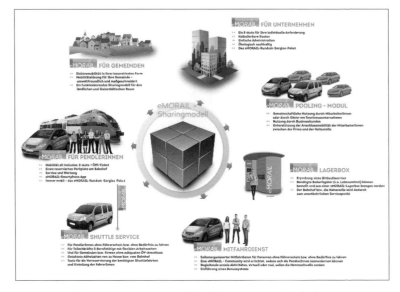

図 1.6 eMORAIL 電気自動車シェアリングの概念図
(https://tbwresearch.org/en/projekt/emorail/)

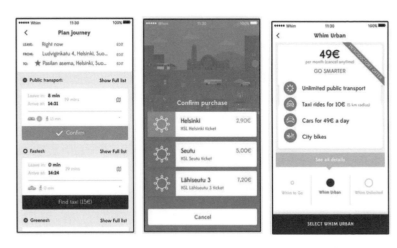

図 1.7 Whim スマートフォン画面（Apple Store より）

利用料金が,月額49ユーロ/499ユーロの2種類の定額料金制で提供されていることだ.どちらのプランも公共交通は乗り放題,49ユーロならタクシーとレンタカーが割引料金で利用可能,499ユーロならすべてが乗り放題である.利用者はWhimのアプリをダウンロードし,利用する料金制コースを選択し,クレジットカード情報を登録してあらかじめサービスパッケージを購入する.そしてモビリティプランナーを用いて移動手段を選択する.

ヘルシンキのWhimは先述したように,単なるビジネスモデルではない.自動車通勤を止めさせるための政策的ツールであり,人々の行動を変えるための経済的インセンティブとして定額制料金を搭載している.Whimを開発したのは,MaaSの概念を定義したMaaS Global社である.同社はヘルシンキの交通政策にかかわった専門家らが中心となって立ち上げ,現在ではEU圏から世界へと事業を広げようとしている.フィンランド政府も支援する産学官連携の事業体であると同時に,各国の企業——トヨタやデンソーなどの日本企業からも大きな資金を得て,実証実験を中心とした事業展開を始めている.

Whimは先導的ユーザを対象とする実証実験ベースで進められているが,他方で一般ユーザや観光客を対象に,ヘルシンキ地域交通局も独自のマルチモーダル旅程プランナーを提供している.これに加えて自転車ツーリストのための専用ルートプランナーも提供している(図1.8).交通局はレンタサイクル事業も運営しており,自転車の利用を強力に推進する政策が背景にある.

ヘルシンキでは,これ以外にも様々なプロジェクトが試行されている.2012～2015年の3年間にかけて,ヘルシンキ中心部の$100\,\mathrm{km}^2$のエリアで,15台(当初10台)のミニバスによるデマンド交通「Kutsuplus」(図1.9)の実証実験が行われた.GPSと連携したマルチモーダル旅程プランナーのアプリが配布され,利用者がマップを利用しながら現在地と目的地を入力すると,Kutsuplusが最寄りの幹線道路沿いのミーティングポイントを指示する.同方向への乗合いがシステム上でマッチングされ,可能なかぎりリアルタイムのデマンドを受け付けて再計算と経路変更を行いながら運行する.本格的なリアルタイムデマンド交通を目指した運行実験に,我々のSAVSとほぼ同時に着手していたことになるが,Kutsuplusは実験前期は固定のバス停での乗

1章　世界の公共交通政策とスマートモビリティ革命

図 1.8　ヘルシンキ地域交通局が提供する自転車用ルートプランナー
様々な条件検索が可能，高低の起伏，景観の良いルート，カフェやレストランなども表示できる．

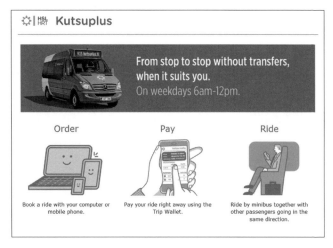

図 1.9　ヘルシンキ Kutsuplus 実証実験サイト（現在は非公開）

降，実験後期は最寄りの幹線道路上のミーティングポイントでの乗降となっており，完全なドアツードアではなかった．さらには，予算面の制約などから 15 台以上に台数を増やすことができず，残念ながら構想半ばでプロジェクトそのものが終了してしまった [5]．詳しいことは次の項で述べる．

1.2 デマンド型公共交通のゆくえ
1.2.1 デマンド交通は過疎地向けという誤解

　地域公共交通におけるもう 1 つの問題は，高齢化・過疎化によって増え続ける交通弱者への対応である [6]．これは地方都市では深刻な問題であり，かつ大都市においてもスプロールする都市の周縁や，都市中心部であっても住民が減少した地域，高齢化が進んだ地域で同様の問題が起きている．

　欧米でも日本でも，高齢化や過疎化が進んだ地域には，乗合い型のデマンド交通 (Demand Responsive Transportation: DRT)——コミュニティバス，町バス，フレックスバス，ミニバスなど様々な名称で呼ばれる——バスとタクシーの間に位置する「第 3 の公共交通」が導入されてきた．欧米では「STS (Special Transportation Service)」すなわち特定目的交通サービスとも呼ばれてきた．一般的にバスといえば，駅や停留所があって決まったルートを定時運行するのに対して，デマンド交通は乗客の要望に応じて（＝オンデマンドで）ルートを変更したり，配車時間を変更したりして運行される．文字どおりデマンド（呼出しや予約）がなければ運行しないので，空のバスを走らせるようなことはないものの，1 人でも乗客がいれば運行するということでもある．

　日本でのデマンド交通の導入は，古くは 1970 年代半ばに大手私鉄バスによる迂回ルート型（図 1.10 参照）の運用が見られたが，その後あまり発展をみせず，本格的なデマンド交通の登場は 2000 年代に入ってからとなる．2000 年に高知県の「中村まちバス」（2 章参照），2001 年には乗合タクシーの先駆けである「おだか e まちタクシー」（2006 年の規制緩和に先立つ例外許可）が実験的運用を始める．その後，2006 年の道路交通法の改正と規制緩和を経て（8 章 p.142 参照），現在までに全国市区町村 1700 余りのうち，1200 以上がコミュニティバスを導入し，300 以上が乗合タクシーを導入している．そのほとんどは過疎地向けである．しかし日本でも，大都市圏ではないものの，2007 年からは長野県安曇野市（人口 10 万人）で，2011 年には岡山県総社市（人口 6 万 8 千人）で，市全域を対象としたデマンド交通のサービスが，旧来の路線バスの一部あるいは全部を置き換えるかたちで運行を始める．これらを皮切りに，より規模の大きな都市でも，都市周縁部や都市部へのデマンド

1章 世界の公共交通政策とスマートモビリティ革命

表 1.1 都市部での STS(過疎地・交通弱者向けデマンド交通)の代表事例 [7]

	ストックホルム	ニューヨーク	ロサンゼルス	英 ウエストミッドランズ	シカゴ	ピッツバーグ	ヨーテボリ
人口	1,850千人	8,000千人	11,800千人	2,550千人	3,800千人	1,750千人	500千人
高齢者・障がい者サービス対象者	84千人 (4.5%)	73千人 (0.9%)	60千人 (0.5%)	46千人 (1.8%)	38千人 (1%)	NA	27千人 (4.8%)
トリップ数	4,500千回	2,200千回	2,100千回	2,000千回	1,900千回	1,900千回	1,700千回
コスト	95百万€	108百万€	45百万€	18百万€	35百万€	24百万€	32百万€
コスト/トリップ	21€	48€	21€	9€	18€	13€	19€
補助金/人口	43€	12€	4€	4€	8€	10€	40€

出典:Westerland and Cazemier, 2007 (Source: YWK Survey and US National Transit Database)

交通の導入,あるいは導入を検討する自治体が増えている。

欧米では,2000年代初めの比較的規模の大きいデマンド交通(特定目的型)の導入成功事例として,スウェーデンのストックホルム,ヨーテボリ,アメリカのニューヨーク,ロサンゼルスなどの事例がある(表 1.1)。ストックホルムやヨーテボリでは,対人口比で見ても年間総トリップ数が突出している。スウェーデンは 1960 年代以降,全土で障がい者・高齢者向けのデマンド送迎サービスを展開してきた歴史がある。乗合タクシーによるデマンド交通が整備され,1980 年代終わり頃からフレックスバスの運行がスタート,90 年代にはコンピュータ予約システムも始まる。1990 年代後半以降は,EU のデマンド交通支援事業にも参画しながら,都市周縁部と市街地を結ぶフレックスバスなどが発展してきた。

デマンド交通は,ドアツードアもしくは最寄りのミーティングポイントでの乗降となるため,乗客の利便性を向上させると共に,"適切な運用設計ができれば"既存の公共交通よりもコストがかからず経済効率も高いと一石二鳥である。しかし"適切な運用設計"には関係者の協力・協調,事前のシミュレーションと適切なシステム設計と導入が必要であり,コスト削減と利便性の向上が必ずしも約束されているわけではない。

デマンド交通の運行方式

　従来のデマンド交通の運行方式は，路線定期運行バスに近いものから完全な自由走行まで，いくつかの種類に分類される。図 1.10 に，一般的なデマンド交通の運行方式の 4 分類を示した。運行経路がデマンドに応じて柔軟に変更される「路線非固定」であると同時に，定時運行ではなく「時間非固定型」である場合，日本では一般に「フルデマンド方式」と言われる。実際の運用事例を見ると，上記 4 分類の ③，④ には，さらに (a) 起終点固定型と (b) 起終点不定型がある（図 1.11）。起終点固定型はおおむね出発時間が定められていて，終点へ向かうまでの間に予約客を任意の指定場所へ送迎して回る。起終点不定型は，あるエリアの中を方向性なくデマンドに応じて乗客を送迎する。路線非定型＋時間非固定型に，さらに起終点不定型の条件を加えたものをフルデマンド型と呼ぶ場合もある。

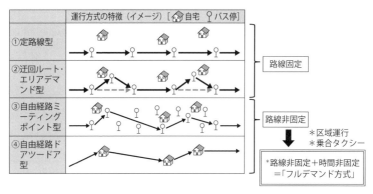

図 1.10 デマンド交通 運行方式の 4 分類

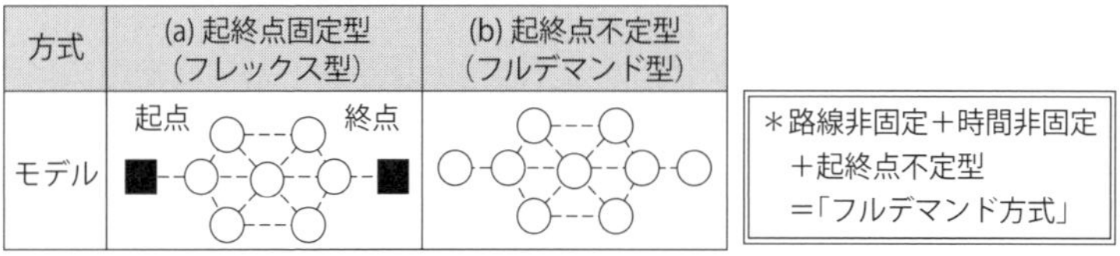

図 1.11 デマンド交通　起終点固定型と起終点不定型

1章　世界の公共交通政策とスマートモビリティ革命

1.2.2　第3世代のデマンド交通

　最も初期のデマンド交通では，乗合いの発生に対する運行ルートや乗客マッチングの意思決定は，運転手または本部コールセンターのオペレーターが人力で行ってきた．この完全人力のデマンド交通を第1世代とすると，その後，上述のフレックスバスやコミュニティバスの登場と共に，コンピュータがしだいにオペレーション部分を支援するようになる第2世代が現れる．2000年代には，候補ルートの距離や所要時間の自動計算がコンピュータで行われるパッケージシステムが販売されるようになる．日本でも，ランダムなデマンドに対して完全自動運行システムを提供する事業者として，東京大学と(株)順風路の「コンビニクル」などが登場する．しかし，都市型・高需要地域での本格的実運用例はこれまでのところまだない．Uberも2〜3人程度の小規模な相乗りや，起終点の決まった送迎サービスなどにとどまっているため，現状の取組みは第2世代の域を出ない．

　ところがようやく最近になって，これまでのデマンド交通の発想とは一線を画する，まったく新しいデマンド交通のアイデアと技術が登場してくる．過疎・低需要地域の延長，拡大版としてではなく，当初から都市中心部の高需要地域での大規模デマンド交通を究極的なターゲットとし，これまでとは次元の異なるAI技術を用いたシミュレーションとアルゴリズムを駆使し，より高度な最適化を可能にする完全自動運行システム——いわば第3世代のデマンド交通というべきトレンドである．本書の著者らによるSAVSや，先述したヘルシンキのKutsuplusなどもその1つである（図1.13）．残念ながらKutsuplusと同様に，SAVSもまだその目標とする車両100台以上での大規模実証実験は達成できていないが（実際には都市部のバス，タクシーすべてを含めて千台規模のより大規模な実証実験が必要だが），第2世代の実証実験に参入しながらそのチャンスをねらっているところだ．

　第3世代のデマンド交通が目指すところは，都市中心部で高密度に同時多発しかつ多目的・多方向な移動デマンドを"包含する"公共交通に対して，AI技術にもとづくマルチエージェント社会シミュレーション（4章）を駆使し，高水準の多元的最適化を追求することである（図1.12）．"包含する"と表現したのは，それが都市交通だけでは完結せずに，やがては周辺地域・過疎地

1.2 デマンド型公共交通のゆくえ

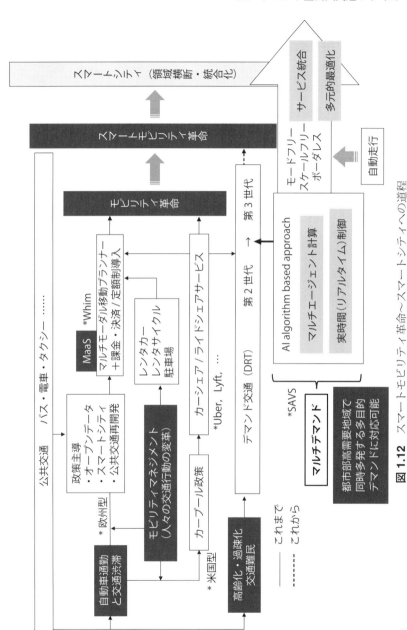

図 1.12 スマートモビリティ革命〜スマートシティへの道程

1章　世界の公共交通政策とスマートモビリティ革命

域を含むスケールフリーな広域システムへと拡張され，さらには移動のみならず他の様々な目的と融合するマルチレイヤープラットフォームへと発展し，将来のスマートシティへと統合していく必要があるからである。そこで本書では，この新しいデマンド交通が目指す運行方式を，これまでのものと区別するために，「マルチデマンド方式」と呼ぶことにする[2]。同時多発性のマルチ，デマンド間を自由につなぐマルチネットワークのマルチ，移動から他の目的へサービスのマルチレイヤーを志向するマルチなど，様々な意味でのマルチデマンドである。先述したEUのスマートシティ政策[4]でも，2010年代以降のより具体的な開発目標として，「異なる地域・異なるセクターのデータからの多元的最適化 (multi-criteria optimization) を図るツールの開発」が重要と強調している。マルチデマンドとは，まさにこの多元的最適化（あるいは目的最適化，多基準最適化）を志向するプラットフォームであると言える。第3世代のマルチデマンド方式とは，単に最適な配車計算を行うためだけのものではなく，スマートシティの構築を担うプラットフォームとして，他の分野領域にも汎化されていくものである。

1.3　未来への動向

現在のところ，デマンド交通の実験や運用は中小規模にとどまっており，表面的にはそれが第2世代なのか，第3世代を志向する動きなのかは，にわかにはわかりづらい状況である。しかしながら，かなりの遅れを伴ってモビリティ革命のトレンドに参入している日本では，2018年あたりから全国の大手私鉄グループや大都市圏において，世界の動向をキャッチアップしようと大型プロジェクトが動き始めている。そのうちかなりの数の事業に対して，我々のSAVSが技術的プラットフォームを提供している。この動きのなかで，一足飛びに第3世代を志向する実験が行われることを期待したい。当初の実験は中小規模でも，その先の未来への展開を想定するかしないかは，大きな違いである。

欧米ではスマートモビリティ革命への次の動きが，ますます加速している。前述したKutsuplusの自動運行システム開発チームは，フォルクスワーゲン

---

[2] 最近ではAIによる最適配車プラットフォームを表す直観的な愛称として「AI便乗（びんじょう）」を用いている。

グループに買収され，同社の MOIA チームとしてヘルシンキで開発を続けている。ヘルシンキでは，他にも第 3 世代を志向するベンチャーが現れている。

アメリカもまたヨーロッパが政策主導で推進してきたものを，民間主導で次々にキャッチアップしている。ゼロックス社は 2016 年初めに，ロサンゼルスとデンバーでマルチモーダル旅程プランナーをリリースした。同社はモビリティ分野における長期的展望として，現在とはまったく異なる移動スタイルを志向するであろう未来の世代を対象に，シンプルで統合的な公共交通が必要とされており，その完全自動運行システムの開発を射程に入れていく，と述べている。フィンランド発の Whim のサービスも，北米に上陸を開始している。中国勢の国際展開も見逃せない。

アメリカの地域交通政策の巻き返しも勢いづいている。ロサンゼルスメトロは連邦公共交通局 (FTA) から 135 万ドルの助成金を受けて，ロサンゼルス郡内の 3 つの乗換え駅を相互に結ぶデマンド交通の実験を 2018 年夏から始めている。自動運行システムはやはり第 3 世代志向のベンチャーと目される Via 社が担当し，同じ駅へ行きたい乗客同士をマッチングしてライドシェアをアレンジする。これも起終点が決まったルートの乗合い実験ではあるが，前掲のウィーンやバルセロナの例のように，地下鉄，路面電車，LRT，路線バスなどの基幹ネットワークの空白地帯を，都市型デマンド交通でカバーするという発想である。そして自動走行車がスタンダードとなっていくその先には，空白地帯だけでなく既存の公共交通も統合的にフルデマンド交通，マルチデマンド交通へ置き換えていくという流れがトレンドとなるだろう。例えば，朝晩の通勤通学時間帯には路線定期運行で，その他の時間帯にはデマンド運行で，あるいは両方の運行方式が絶えず並行運用されるなど，様々な形態が試行され，やがて各都市に最も適したかたちに進化していくことになるだろう。

第 3 世代へのトレンドを進めるには，規模の大きな実験が必要で，資金面での壁，さらには既存の制度面，慣習面での壁があるが，まずはロサンゼルスのような過渡的なプロジェクトが，巨額な公的資金と民間投資を伴ってこれから次々と現れることになるだろう。

参考文献

[1] 田柳恵美子.「スマートシティ」.『人工知能学大事典』,人工知能学会,2017. pp. 1445–48.

[2] European Communities. *White Paper 2001—European Transport Policy for 2010: Time to Decide*, 2001.

[3] European Communities. *White Paper 2010—Roadmap to a Single European Transport Area: Towards a Competitive and Resource Efficient Transport System*, 2010.

[4] EC (European Commission). European Innovation Partnership on Smart Cities and Communities Strategic Implementation Plan. 2013
http://ec.europa.eu/eip/smartcities/files/sip_final_en.pdf.

[5] Helsinki Regional Transport Authority (HSL). Kustuplus: Final Report. 2016.
https://www.hsl.fi/sites/default/files/uploads/8_2016_kutsuplus_finalreport_english.pdf

[6] 田柳 恵美子,中島 秀之,松原 仁.「デマンド応答型公共交通サービスの現状と展望」.人工知能学会全国大会 2J4-OS-13a-1, 2013.

[7] Westerland, Y. and O.C. Cazemier. The use of taxis for special and the integrated public transport in Sweden and the Netherlands, Presentation at the *International Taxi Colloquium Lisbon*, 21 September 2007. (http://www.ville-en-mouvement.com/taxi/telecharge ments/Westerlundpwp.pdf)

2章

未来型AI公共交通サービスSAVS

中島 秀之

2.1 フルデマンド交通への挑戦

　2001年，私の勤めていた電子技術総合研究所（電総研）は他の14の国立研究所と共に産業技術総合研究所（産総研）に統合された。私は電総研でずっとAIの研究を続けてきたが，この頃はAI冬の時代の真っ盛り，季節でいうと寒の入りあたりの，これから益々寒くなろうとしている時代だった。私はAI自体の研究を深めるより，少し社会応用に振ることを考えていた。当時の私の研究テーマはマルチエージェントとユビキタスコンピューティング。これらの社会応用を目指す研究チームを結成すべく，産総研発足時にサイバーアシスト研究センターの設置を提案し，これが認められてその初代センター長となった。現在のキーワードで言えばIoTとCyber Physical Systemを合わせたような研究をするセンターだ。

　センターではコンソーシアムを組織し，様々な企業に技術の売込みに行ったり，興味深い社会実装の見学に行ったりした。その一環で，2001年に高知県中村市で実用化されていたデマンドバスの見学に行ったことがある。当時は，様々な自治体でデマンドバスの有効性が調べられていた。通常は決まったルートを走っているが，事前に申込みがあれば少し回り道して自宅の近くまで来てくれるものなどがあった。中村市（現在は合併により四万十市の一部）の「中村まちバス」は，さらに進んで固定ルートを持たない，予約のあった任意の停留所だけをつないで運行される，「フルデマンド方式」といわれる類のものだった。高知県ではこのフルデマンド方式の実証実験を2000年

2章 未来型 AI 公共交通サービス SAVS

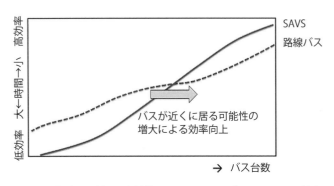

図 2.1 都市圏（高需要地域）におけるフルデマンドバスの効率

4～6月に高知市（大都市代表）とその隣の中村市（小都市代表）の2ヵ所で行っていた。その結果，大都市では回り道が多すぎて実用にならないと判断され，中村市だけで実用化されることになった。（それまで走らせていた市バスより赤字は減ったそうだが黒字ではない！）

こうした実証実験の結果を受けて，フルデマンドバスはこれまで小都市や過疎地でのみで導入されてきたが，私は高知市での「大都市（高需要地域）にフルデマンドバスは不向き」という実証結果には疑問を感じ，産総研に戻るなり野田五十樹（本書の著者の一人。4章担当）にマルチエージェントシミュレーションによる実験を持ちかけた。彼は私の直観には懐疑的であったが，それでも素晴らしいシミュレーションを実施してくれた。そしてある日「意外にも中島さんが正しかったようです」と分析結果を渡してくれた。

図 2.1 はシミュレーションの結果をプロットしたもので，都市圏（高需要地域）でのフルデマンドバスと路線定期運行バス[1]の効率を，多数の利用者の目的地までの所要時間（縦軸）と，デマンドバスの台数（横軸）との関係で表したものだ。左端は都市に1台だけフルデマンドバスを導入したときの効率で，右に行くほどバス台数が増えていく（バス1台当りの乗客数を一定にして，人口に合わせて台数を増やすことを想定している）。左端では乗客がバス停まで歩いてくれる路線バスの効率が上回っている。デマンドバスは，高

---

[1] 国交省の用語で路線とダイヤが決まっている，通常の路線バスのこと。以後「路線バス」と記す。

2.1 フルデマンド交通への挑戦

知市で示されたように，乗客の乗降のための回り道が多くて，なかなか目的地にたどり着けない。ところが台数を増やしていくとだんだんと回り道が減る。都市内に多数のバスが走っていると，それほど回り道をしなくても乗客を拾えるルートにバスがいる可能性が増えるのだ。路線バスも都市規模が大きくなるにつれて台数や路線数が増やせるため，同様に効率が良くなるが，フルデマンドバス方式のほうが効率化の傾斜が急で，やがて路線バスの効率を凌駕するポイントがあることがシミュレーションで明らかになったのだ [5]。これが我々のSAVSの出発点となった。

なお，産総研時代はフルデマンドバスと呼び，バスサイズの車両を想定した研究を行っていたが，函館での実証実験を始めるにあたりタクシーも視野に入れ，一般化して vehicle と呼ぶことにし，同時に Smart Access Vehicle Service (SAVS) と固有名詞化した。

実際には，都市の規模を変えた場合のSAVSの効率は図2.2のようなカーブになるはずである。上の線が一般的なタクシー，下が路線バスであり，その間でV字のようなカーブを描いているのがSAVSである。図2.1の左端が最低でもバス1台分のデマンドを想定しているのに対し，図2.2では乗客1人から始まっている。乗合いの発生がなければタクシー状態で運行できる。つまり，過疎地では需要も少なく乗合いが発生しにくいので，タクシーと同様の効率を持つが，価格もタクシー並になるであろう。なお，左端付近でタクシーの効率表示の線が破線になっているのは，乗客数が少なすぎてタクシーの営業最低収益すら見込めないので，タクシーがない領域である。このような領域での検証はこれからであるが，タクシーより少ないSAVS車両[2]でタクシー並のサービスが可能なのではないかと考えている。つまり，乗合いを誘発する仕組みがあればよい。

右端の都市部ではバスより高効率でタクシーに近い利便性が，おそらくバスに近い価格で提供できる。SAVSが路線バスより有効であるのは過疎地か大都市ということになり，中間域では路線バスのほうが効率が良い。ただし，これは一般論であり，実際には各都市の事情に応じたシミュレーションが必要である。

---

[2] SAVSの上で運行される車両（バスやタクシー）を「SAVS車両」と呼ぶ。

2章 未来型 AI 公共交通サービス SAVS

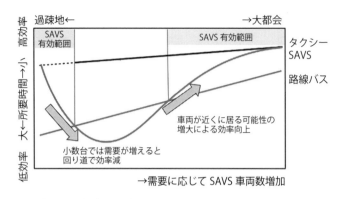

図 2.2 都市の規模（需要数）による SAVS の効率変化

　上記のように，マルチエージェントシミュレーションでは台数を自由にコントロールでき，様々な状況での効率が計算できる．それに対しデマンドバスの実証実験は大都市でも少数台で行われるため，大都市には向かないというのが定説になってしまっている．世界中でフルデマンドバスが低需要地域でしか使われていない現状は残念である．

　産総研時代にはフルデマンドバスという名で様々な条件でのシミュレーションを続け，大都市ほど有効であることを示す論文を書いた．その後，センターでは「愛・地球博」への技術提供などが忙しくなり，この研究は一時中断していたが，私が公立はこだて未来大学に移ったのを機に，函館での実用化を目指すことになった．ただ，シミュレーションと実用化の間には大きな谷間があって，「死の谷」とも呼ばれている領域である．シミュレーションを行って論文発表するまでは通常の研究費でまかなえる．外部資金も得やすい．国の建前としては，論文まで書ければ研究は完成し，資金援助は打切り，その後は企業が実用化することになっていた．しかし，論文だけでは企業は受け取ってくれない．原理的に可能であるということと，それを実用化することの間には大きなギャップがあり，これが死の谷である．死の谷を超えるにはもう一段の実用化研究が必要なのである．

　この国の研究支援の在り方を問うたのが科学技術推進機構 (JST) のワークショップである．JST では折々に各分野の研究リーダーたちを集めたワーク

2.1 フルデマンド交通への挑戦

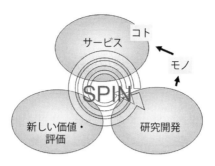

図 2.3 SPIN (Spiral-up Program for Innovative Nippon) の提案 [4]

ショップを行い，次世代の研究開発のテーマを決める．私が参加したワークショップではスパイラル方式の研究支援，つまり研究開発–サービス提供–評価–…というループ（図 2.3）を最低 2 回は実施できるような研究制度が必要との提言を行ったのだ [4]．これはなかなか困難な提案であった．そもそも JST は基礎研究を中心とした研究支援は行ってきたが，それらを戦略的に実用化につなげる支援の枠組みは持っていなかった．しかし，数年後に社会技術研究開発センター (RISTEX) が「サービス科学」[3] という新たな戦略的研究支援の枠組みを立ち上げる[4]．サービスを研究するのだから，その中にはサービスの社会実装の部分が含まれていなければならないという理屈である．

我々は，待ってましたとばかりに研究提案を上げた．しかし我々が SAVS で目指しているサービスと技術の独創性や有用性はなかなか理解されず（当時はまだ Uber が創業したばかり．都市型のライドシェアなど日本ではまるで関心を向けられていなかった），提案への評価は「そんなことできるわけがない」と「フルデマンドバスはすでにある」の両方に別れてしまっていた．

3 度目の挑戦でようやく採択にこぎつけ，我々の「IT が可能にする新しい

---

[3] 日本では「サービス工学」[6, 12, 13] として提案されてきた概念であるが，サービス学会の立ち上げと共に「サービス学」と呼ばれるようになっている．RISTEX の「サービス科学」という用語はアメリカの「サービスサイエンス」に引っ張られたものと思われるが英語の「science」に対応する日本語は「科学」ではなく「学」である．Science は科学と工学を含む [7]．

[4] この枠組みの成立を後押ししたのは IBM が提唱していた「サービスサイエンス」の概念である．日本独自の展開は難しいが，アメリカから来たアイデアであると比較的容易に制度化できるという悲しい現実がある．

27

社会サービスのデザイン」という研究事業がスタートした [9]。

2014年から4年半の事業期間に函館市で我々が考える都市型フルデマンド交通，SAVSの実証実験を3回行った。前述のSPINを研究方法論として採り入れて，人流のモデル化（5章）–システム構築–実証実験（6章）による評価というループを回し，実験結果を次のシステムのデザインにつなげた。そして，世界初の複数台リアルタイム乗合い型フルデマンド交通システムが完成した。

2.2 SAVS の最終イメージ

SAVSは都市におけるモビリティの提供を一元化し，モビリティプラットフォームとして提供することを目指している。つまり，インターネットが情報の流通におけるプラットフォームを提供し，その上で様々なサービスが提供されて我々の社会生活が大変革を受けたように，SAVSによってモビリティが画期的に改善され，その上で様々なサービスが展開されて我々の生活を改善することを目指している。

ここで我々の目指すSAVSの完成予想図を示しておきたい。ただし，これは流動的なものである。サービス学の研究においてはサービスにおける価値共創 [8] の側面が強調されている。つまり，サービスの価値は提供者があらかじめ定めるものではなく，サービス提供時にユーザと共に価値が創り出されていくというモデルである。SAVSの場合も例外ではなく，これまでのSAVS提供経験により我々の概念も変化してきた。今後も変わり続けるであろうから，ここで示す最終イメージとはこの原稿執筆時（2018年秋）のものであることを断っておく。

我々は初期の頃から図2.4のように，SAVSをプラットフォームとしてその上で様々なサービスを連携することを考えていた。例えば飲み屋で「お勘定」を頼むと同時に，自動的に帰りのSAVS車両が呼ばれるとか，病院の診察を予約すると自動的にSAVS車両も予約され，診察が終わる時点で自動的に帰りのSAVS車両が迎えに来る，とかの連携を考えていた。現在フィンランドを中心として達成されつつあるMaaS (Mobility as a Service) では，交通手段どうしの連携が中心で，まだここまでの連携は考えられていないようである。

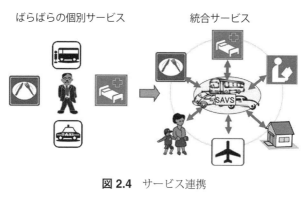

図 2.4 サービス連携

図 2.5 サービスプラットフォームとしての SAVS

最近では上記の概念を発展させて図 2.5 のような概念を提唱している。現在の社会では，インターネットが情報の流通に関して，誰でもどこでも即時にアクセスできる環境を提供し，その上に様々なアプリケーションサービスが載っているのと同様に，人の物理的移動に関するプラットフォームの上に様々なアプリケーションサービスを載せていきたい。

我々が提案する SAVS は以下の特徴を持つ：

- 少数台を限られた地域や目的で運行するのではなく，都市全体の公共交通機関を集中制御する。現在運行されているバスやタクシーの車両を使うことができる[5]が，運行方式の異なる，新しい公共交通システムの提案である。

---

[5] 現行車両を使うことにより移行が容易ではあるが，将来的には乗合いを意識してデザインした専用車両が望ましい。

2章　未来型 AI 公共交通サービス SAVS

- コンピュータ制御による，デマンド応答型完全自動運行[6]である。システムは域内のすべての車両の現在位置とその先のルートを管理しており，デマンドに応じて最適の車両が選定される[7]。
- 乗降地点の制約はなく，経路も自由である。また，運行の自由度が高いことと，集中制御方式である利点を活かし，他のサービスとの連携が容易である。移動サービスにおけるインターネットのような，サービス基盤となることを想定している。
- 事前予約を前提とせず，乗りたいときに呼び出すことができる。
- 実時間で車両のルートを設定・管理する。このため乗客が乗車中にルートが変わることがあるが，約束した到着時間は守る[8]。

SAVS はコンピュータによる集中制御方式を採る。台数や利用客数が増えルート計算が複雑になっても，準最適解を導き出せるアルゴリズムを開発している。このため柔軟な運行管理が可能であり，従来型の路線バスやタクシーの運行方式を完全に包含している。つまり，タクシーあるいはハイヤーのようにユーザが独占する形態から，バスのように路線と停留所を固定して使うこともできる。例えば前者は観光，後者は通勤・通学に適していると考えられる。

SAVS 車両は以下の手順で呼び出される：

1. ユーザが，現在位置と目的地を指定して配車をリクエスト
2. サーバが，最適車両を選択 [11]
3. 車両に，新ルートを指示
4. ユーザに，ピックアップ予定時刻と目的地到着予定時刻を伝達
5. ユーザ端末は，アサインされた SAVS 車両の現在位置，車載端末はユーザの現在位置を地図上に表示

---

[6] ここでの「自動運行」は自動運転を意味するものではなく，自動配車を中心にサービスをすべて自動でオペレーションするという意味である。現状ではシステムの指示に従って職業運転手が運転しているが，自動運転が実用化された暁には自動運転が可能である。
[7] 現在，Uber を含むタクシー呼出しアプリは，デマンドを伝えるだけで，最終的には人間のドライバーによる選択が必要である。このため，駅すぱあと，NAVITIME などの時刻表検索システムに組み込んで最適経路を即時に計算することはできない。SAVS は即時に配車と到着予定時刻を返すことができる。
[8] 到着予想時刻は，あらかじめ若干のマージンを持たせて設定する。また，飛行機や長距離列車への乗継ぎがある場合はそれを厳守する。それらの到着時刻を超えるようなデマンドには，別の車両に割り当てることにより，問題を回避する。

2.3 されど苦難は続く

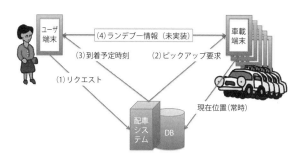

図 2.6　SAVS の全体構成

システムの動作は完全自動でオペレータは介在しない。ドライバーは車載端末の指示で運行する。

　SAVS を提供するためのシステムは，(1) ユーザが端末（スマートフォンを想定している）上でデマンドを入力するためのアプリケーション（ユーザApp），(2) SAVS 車両ドライバーが車載端末（現状ではタブレット端末を想定している）上でデマンドを確認するためのアプリケーション（車載 App），(3) デマンドに応じて最適な車両と訪問順序を計画する配車システム，の 3 つより構成される。また，これらのサブシステムはデータベースを介したデータのやりとりによって連携を実現する（図 2.6）。

　これにより，SAVS では人間のオペレータを介することなく，自動でデマンドの受付けからアサインまでを行うことができる。

2.3　されど苦難は続く

　SAVS 実現の第一段階が公共交通におけるバスとタクシーの融合である。ところが国の規則ではバスとタクシーは互いに相手を侵略しないように綺麗に分離されている（保護政策である）。SAVS はバスとタクシーの両方のいいとこ取りを狙っているので，現状の法律下では運行できない。実証実験ではタクシーを借り上げて，無料運行を行っていたから問題なかったが，課金をしての実運行とするためには地域交通協議会での決定や交通特区指定などが必要になってくる。

実証実験に成功しても，自治体やバス，タクシー会社はそう簡単には乗ってこない．端的に言うと，他での成功例がないと手を出せないということである．

2018 年初頭には，国で大規模な乗合いタクシーの実証実験が始まった（6章）．しかしながら，依然として通常の単独客向けタクシーと乗合いタクシーは法的に分離されたままである．実証実験でも発車前に「乗合い」が確定していないとダメだとおっしゃる．我々のシステムはリアルタイムに乗合いが決定することを売りにしているので，これではメリットが活かせない．

ユーザの利便性から言えば，呼び出したらすぐに配車され，できるだけ早く乗車するのが大事である．その後に乗合いが発生してもかまわない．乗車前に乗合いか単独乗車かを決めろというのは現行の法律に引っ張られすぎであろう．法律を遵守するのが役人ではあるが，法律の意義も考えてみて，現状にそぐわない場合は，その改善も試みてほしいものである．

法律が技術の後追いになるのは仕方がない．しかし，技術の発展が加速している現在，法律の追従の加速も必要であろう．そうしなければ技術的には可能なのに法的に制約されてしまうサービスが多くなる．日本の法制度はホワイトリスト方式である（やって良いことが書いてある）のに対し，米国や中国はブラックリスト方式である（やってはいけないことが書いてある）．ドローンや自動運転が好例であるが日本での展開は制限されてしまっている．

2.4　時代の変化：MaaS の台頭

そうこうしているうちに，世界的にモビリティの概念が取り上げられ始めた．新しい公共交通への取組みは北欧が先進的である．ユーザに移動というサービスを提供する Mobility as a Service (MaaS) の概念が提唱されている [2, 3]．以前はサービスを受ける際，そのサービスと物理的存在としてのハードウェアが分かちがたく結びついていた．計算機システムで言及される SaaS (Software as a Servie), PaaS (Platform as a Servie), IaaS (Infrastructure as a Servie) とは，そのサービスとハードウェアを独立にする仕組みのことである．計算資源のクラウド化などが典型例である．これらと同様に，MaaS とは，提供される移動サービスとそれを提供するハードウェアを独立にする仕組みのことと理解すればよい．すなわち，MaaS 概念の深化

2.4 時代の変化：MaaS の台頭

表 2.1　MaaS のレベル

レベル	機能	例
0	統合なし	
1	情報の統合	経路案内や料金情報提供など
2	予約・決済の統合	ワンストップで予約，支払，発券など
3	サービスの統合	サービス連携，定額料金など
4	ポリシーの統合	社会スケールの管理，公と個の連携など

とは，移動というサービスを生み出すソフトウェアとハードウェアを独立させることにほかならない．従来の公共交通機関において人の輸送に関係する物理的実体には車両，運転手，時間，時刻表，バス停，定期券，貨幣などがあり，動作にはルートの比較，移動手段の選択，予約，変更，キャンセル，支払いなどがある．これらの抽象化，クラウド化，仮想化を進め，リソース組合せの自由度およびリソース分割の自由度を高める．

Sochor ら [3] は MaaS をその達成度によって 5 レベルに分類している（表 2.1）．

レベル 0 では，地図や経路探索といった各移動サービスは統合されておらず，利用者が自分で判断し（多くの場合は異なるアプリによって）そのサービスを利用する．

レベル 1 では，それらのサービスが統合され，利用者には移動に関する様々な情報（料金，時間，距離，道順，快適さ等）が提供される．

レベル 2 で，ようやく単一アプリで実際に情報を比較しチケットを事前に購入することが可能となり，ここまで到達して自家用車減の効果が現われる．

レベル 3 で，利用者と事業者の契約が進み，事業者間で提携が行われサービス内容のさらなる高度化，需給の最適化が実現される．ここで事業者の車両数減や固定費減の効果が現われる．

レベル 4 では，都市計画・交通政策におけるポリシーを統合することで，人流や物流，防災，エネルギーマネジメント等の最適制御を実現する．

MaaS 導入の先進事例として有名なフィンランドのヘルシンキ市では，タ

クシー，バス，鉄道，飛行機などの輸送機関が互いに協力，情報交換するための情報システムと仕組み作りを行っている．その象徴的なアプリとして，ベンチャー企業 MaaS Global 社が「Whim」と呼ばれるレベル 3 のスマートフォン向けアプリを開発し，2016 年よりサービスを開始している [1]．Whim を用いてメンバ登録しておくと，利用者はタクシー，レンタカー，公共交通，シェア自転車などに自由にアクセスできるようになる．すると Whim は，利用者の利用傾向を学習し，予定表と連動してその日の目的地への最も効率的な移動法を提案してくる．このように，Whim は，多様な移動サービスを単一のインタフェースで効率よくタイムリーに利用可能とする．

日本の現状は大部分がレベル 0 だが，NAVITIME や駅すぱあとなどはレベル 1，また限定された範囲だが鉄道の相互乗入れはレベル 2 と考えることができよう．海外では Googlemap がレベル 1，HANNOVERmobile はレベル 2，Whim がレベル 3 を実現している．SAVS はレベル 4 のプラットフォームになることを目指しているが，現状はレベル 2 あたりか．

SAVS は MaaS レベル 4（表 2.1）以上の世界を目指しており，そのためには Whim を超えるサービスと機能を提供するアプリを実現する必要がある．SAVS 的 MaaS レベル 4 の特徴的な機能はプログラミングである．SAVS の研究では，人や物の輸送に関わるハードウェア（車両，時刻表，バス停，エネルギー，運転手など）やソフトウェア（デマンド，乗客の ID 確認，ルート選択，価格，法律など）を仮想化していくことが作業仮説である．もしそれらのハードウェアやソフトウェアが適切に仮想化されれば，仮想化されたオブジェクトはプログラミングできるはずである．B2B2C[9]（企業–中間企業–個人顧客）のビジネスモデルの枠組みで考えると，中間の B であるサービスプラットフォーム提供企画や C である顧客自身が mobility programming のプログラマとなる（ただし，従来の意味でのプログラミングやプログラマとはかなりイメージは異なる）．我々はこれをモビリティプログラミング (mobility programing) と呼ぶことにする．これまで構築してきた SAVS

---

[9] B2B（B to B の省略形）とはビジネスを対象とするビジネスのこと，B2C はカスタマー（一般利用者）を対象とするビジネスのことである．B2B2C はこれらをつなげて，カスタマーサービスをするビジネスを対象としたビジネスとなる．SAVS の場合は乗客にサービスを提供するタクシーやバス会社を対象としてサービスを提供している．

プラットフォームの上にモビリティプログラミングの枠組みや環境を構築することが目標の1つである。

モビリティプログラミングは，ユーザが明示的に乗降地や時刻を指定していなくてもユーザの利用したい上位層のサービスや文脈を考慮してそのユーザに合ったSAVS車両の配車を可能とする。例えば「病院に行きたい」とか「買い物に行きたい」というより上位のレベルでのサービス要求が発生したときのためにそれを実現する「プログラム」が与えられる。そのプログラム中では，SAVS車両状況や交通状況を環境から取得し，サービス要求のパラメータ（乗降地，時間，車両規模など）を推定し，ちょうど良いタイミングでSAVS車両が配車される。その結果，例えば，「朝，家を出ようとしたら玄関の前にSAVS車両が来ている」が実現する。さらに要求されているサービス・レベルに応じて車両の乗換えも考慮すると，「駅に到着したらSAVS車両が来ている」が実現する。観光の場面では，さらに移動プランナーとの連携も考えられる。仮想化やモビリティプログラミングについては，次の3章で詳述する。

2.5　(株)未来シェアの誕生

このようなプラットフォームを提供すること自体，つまりそのシステムを構築し世間に解放することはもはや研究の域を脱して，実用になったと判断し，ベンチャーを起業することにした。Uberが現れた影響も大きい。我々の目指していたシステムの一端[10]がUber Poolとして実現されたのだ（日本は黒船が来ると動く）。起業に関しては，JSTのプロジェクトにおいてシステム構築の中心的存在であった(株)アットウェアが中心となってくれた。何しろ他のメンバーは主として大学や国立の研究機関におり，起業のノウハウが希薄である。それにもまして大学は口では起業支援と言いながら，その中心メンバーがベンチャーの「役員」を兼業することに関しては非常に固い。大学の役員兼業規則では，自分たちで立ち上げたベンチャーの役員なのか，既にある大企業の役員なのかの区別が存在していないからだ。

---

[10] ライドシェアの部分のみ。Uberは人間の運転手にデマンド情報を伝えるシステムで，個々の車両のルートは運転手あるいはその車両のカーナビに任されている。SAVSではシステムが全車両のルートを管理しているので，都市レベルでの最適化が行えるし，自動運転との相性も良い。

2章 未来型 AI 公共交通サービス SAVS

いずれにしても(株)未来シェアは，(株)アットウェアの松舘を代表取締役として誕生した。もう1人の代表取締役としては公立はこだて未来大学の松原がその任に着いた（つまり代表取締役が2人の体制である）。はこだて未来大学のメンバーを中心に，函館での実証実験を礎に創業したベンチャーという位置づけからも未来大のメンバーが社長を務めるのが自然に思えるからだ。本来なら，このプロジェクトの言い出しっぺである私自身が社長に就任するのが自然なのだが，東大では代表取締役の兼業は認められていなかったし，現在所属の札幌市立大学においても理事長の代表取締役兼業は認められていない（そもそも役員兼業ですらその前例がない）。

また我々も最初のうちは論文を情報処理学会に出していたのだが，公共交通業界が多く参加している土木学会からお誘いを受けて発表した [10] ところ，多くの反響を得ることができた。タクシー会社からのアプローチも増えた。多治見市で(株)コミュニティタクシーを運営している岩村龍一（8章執筆）との出会いも大きかった。業界の内情が理解でき，研究体制から実施体制への移行が始まった。

実は(株)アットウェアとは，彼らが函館進出を計画した頃からの付き合いである。最初は未来大学長としての函館誘致の手助けだったのが，遂に一緒に起業するまでの関係に到った。個人的見解ではあるが，世の中ではこのような「コネ」が重要であると考えている。コネというとその悪用ばかりを思い浮かべる人も多いようだが connection の和製化なので，たんなる「繋がり」という意味で中島は使っている。人が人を信頼する関係を築いたときに，それは他の事業にも発展するのである。

SAVS が MaaS として，このような人と人との繋がりを中継できるようになることを夢見ている。

参考文献

[1] Warwick Goodall, Tiffany Dovey Fishman, Justine Bornstein, and Brett Bonthron. The rise of mobility as a service — reshaping how urbanites get around, deloitte review. Issue 20, p.111–129, 2017.

[2] Sonja Heikkila. Mobility as a Service — A Proposal for Action for the Public Administration : Case Helsinki. Civil and Environmental Engineering, 2014. Master's Thesis of Aalto University.

[3] Jana Sochor, Hans Arby, Marianne Karlsson, and Steven Sarasini. A topological approach to mobility as a service: A proposed tool for understanding requirements and effects, and for aiding the integration of societal goals. In *Proceedings of ICoMaaS2017*, p.187–201, 2017.

[4] 科学技術振興事業団. 科学技術未来戦略ワークショップ（電子情報通信系俯瞰 WS II）報告書. 2007.

[5] 野田五十樹, 篠田孝祐, 太田正幸, 中島秀之.「シミュレーションによるデマンドバス利便性の評価」. 情報処理学会論文誌, 49(1):242–252, 2008.

[6] 内藤耕, 編.『サービス工学入門』. 東京大学出版会, 2009.

[7] 中島秀之.「科学・工学・知能・複雑系—日本の科学をめざして」.『科学』, 71(4/5):620–622, 2001.

[8] 中島秀之, 平田圭二.「サービス実践における価値共創のモデル」. サービソロジー, 1(2):26–31, 2014.

[9] 中島秀之, 田柳恵美子, 松原仁, 平田圭二, 白石陽.「新しい交通サービス実践への道程」. In サービス学会第 3 回国内大会, 2015.

[10] 中島秀之, 野田五十樹, 松原仁, 平田圭二, 田柳恵美子, 白石陽, 佐野渉二, 小柴等, 金森亮.「バスとタクシーを融合した新しい公共交通サービスの概念とシステムの実装」. 土木学会論文集 *D3*（土木計画学）, 71(5):I 875–I 888, 2015.

[11] 小柴等, 野田五十樹, 平田圭二, 佐野渉二, 中島秀之.「Smart access vehicles の社会実装—シミュレーションを通じた分析と実証—」. 情報処理学会　研究報告　知能システム (*ICS*), 2014–ICS–174(1):1–8, 4 2014.

[12] 榎本肇.「サービス論理モデル—サービス工学への道—」. 国際通信の研究, (121):303–321, 1984.

[13] 下村芳樹, 原辰徳, 渡辺健太郎, 坂尾知彦, 新井民夫, 冨山哲男.「サービス工学の提案（第 1 報）サービス工学のためのサービスモデル化技法」. 日本機械学会論文集 *C* 編, 71(702):315–322, 2005.

3章

スマートモビリティを実現する未来技術

平田 圭二

3.1 ITで変わるモビリティ

1940年代に電子計算機としてのコンピュータが産声を上げて以来，情報技術 (IT) は我々の生活を変革し続けてきた。ITが進歩・発展したからこそ誕生した新しいビジネスが膨大にあり，そして消え去ったビジネスも膨大にある。交通や物流などのモビリティ分野も，ITによって大きく変容してきたものの1つである。本章では，ITがこれからのモビリティ分野をどのように変えていくのか，技術的なテーマに絞って考えてみたいと思う。

人間社会の歴史を振り返ったときに得られる重要な教訓の1つは，そこに法律的規制，既得権益，慣習への盲従などの社会的阻害要因があっても，社会にとって正しく必要な技術はいずれ生み出され普及し，社会構造を変えていくということである。つまり，社会にとって必然性ある技術の前では，社会的阻害要因はいずれ超克されるしかない。したがって長期的なトレンドを知るには，社会にとって必然性ある技術は何かを考えれば十分なのである。

本章の最後では，「体験としてのモビリティ」という概念を提案しようと思う。モビリティは現在ようやくサービスとして捉えられるようになってきたところだが，さらにその次の段階ではどうなるのか，技術的な側面からあるべき姿を考察する。

3.2 ITの歴史における12のメタトレンド

未来に向けてモビリティ分野の情報技術 (IT) がどう発展していくかを考え

3章 スマートモビリティを実現する未来技術

るには，これまで IT がどのようなトレンドで進歩・発展してきたかを確認するのがよいだろう．米 WIRED 誌元編集長のケヴィン・ケリー [1] は，コンピュータの歴史や技術潮流を詳しく分析し，情報の様態やシステム機能に関して次の 12 のメタレベルのトレンドを発見したという．(1) 流動 (flowing)：インターネットは世界最大のコピーマシンであり，データは摩擦ほぼゼロで世界中を自由に流れる；(2) 入手 (accessing)：非物質化や分散化が進み，必要なときに初めてそれを手に入れる，つまり実時間のオンデマンドである；(3) 再結合 (remixing)：要素に分解したものをもう一度組み合わせることが成長やイノベーションの源泉であり，円滑な再組立てには巻戻し可能性と発見可能性が重要である；(4) 共有 (sharing)：技術によって分散化と共有化が両立し，コミュニティによる組織的協働による価値創出が進み，人々はあらゆるモノを率先してシェアする；(5) 追跡 (tracking)：インターネットは世界最大のトラッキングマシンであり，あらゆるモノを定量的に日常的に記録し続けることで，単体ではほとんど意味のないデータが総体的に大きな価値を持つ；(6) 問い (questioning)：価値の源泉は答えの確かさから質問の不確かさに移り，容易に答えにたどりつけないような質問が良い質問である；(7) 表示 (screening)：あらゆる場所や物に表示機能が備わり，いつでもどこでも何とでもインタラクションできる；(8) 認知 (cognifying)：ありとあらゆるモノ（例えばプロダクト，人の活動・思考・感情）に AI 機能をつけること，つまり精度の高い学習と予測の機能を組み込むこと；(9) 選択 (filtering)：無限に選択肢が増える超潤沢社会の中で適切な決断を下すために，選択肢を適切に絞り込む支援が必要であり，それがユーザ自身をパーソナライズすることにつながる；(10) 没入 [1](interacting)：人は全身と全感覚を使ってシステムとコミュニケーションすることを望み，人工物により親密さを感じ，環境に没入するようになる；(11) 過程 (becoming)：人が作り出すものは常にプロセスの途中にあり完成することはなく，製品はプロセスとサービスに凌駕される；(12) 予兆 (beginning)：人類は今互いにリンクし初めて実時間の地球規模の意識ともいうべきものに到達したが，これは何かの始まりにすぎない．

---

[1] 直訳ではないが，ここでは interacting の結果としての「没入」をあえて意訳として充てた．

3.3　3つのメガトレンド——仮想化，集約化，個別化

　このケリーの指摘は豊富な事例やデータに裏付けされ，その鋭い観察力と洞察力は強い説得力につながっていると感じる。そこで，のちのモビリティITの議論のために，これら12のメタトレンドを3つのメガトレンドから捉え直してみることを提案したい（図3.1，3.2）。3つのメガトレンドとは，仮想化 (virtualization)，集約化 (convergence)，個別化 (personalization) である。例えば，(1) 流動に関連が深いのは仮想化であり，(4) 共有に関連が深いのは仮想化と集約化である。ただし，いずれのメタトレンドも，すべてのメガトレンドに多少の関連性があり，例えば，流動は集約化や個別化にまったく関連がないというわけではない。また，(11) 過程と (12) 予兆は，そもそもこれらメタトレンド全体のまとめとして提示されている。

　ここで仮想化と集約化について少し説明を加えよう（図3.2）。仮想化は，コンピュータ科学では大変馴染み深い概念である。例えばネットワークやハードウェアの分野では，メモリやCPU等の対象を組み合わせやすくするため，あるいは自動制御しやすくするために，その実質的な機能のみ抽出し共通化する。これは「標準化」，「規格化」と呼ばれ，仮想化の一種である。標準や

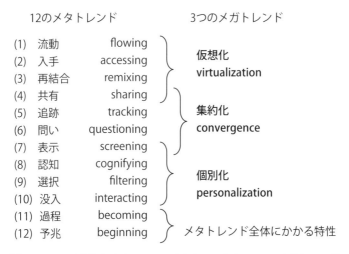

図 3.1　ITの進化をめぐる12のメタトレンドと3つのメガトレンド

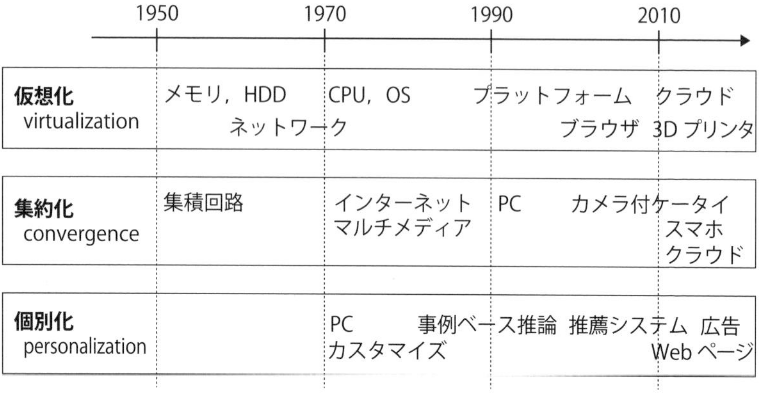

3章 スマートモビリティを実現する未来技術

	1950	1970	1990	2010
仮想化 virtualization	メモリ，HDD	CPU, OS ネットワーク	プラットフォーム ブラウザ	クラウド 3Dプリンタ
集約化 convergence	集積回路	インターネット マルチメディア	PC	カメラ付ケータイ スマホ クラウド
個別化 personalization		PC カスタマイズ	事例ベース推論	推薦システム 広告 Webページ

図 3.2 システム化の観点から見た IT 進歩の歴史と具体化

規格に従っていれば，どのように組み合わせても正しく動作する性質を，「相互運用性」と呼んでいる．またシステムの分野では，計算に必要な資源（計算パワー，データ記憶，通信など）を，必要に応じた質と量で供給し，利用者はその資源を自分の手元で自由に加工（具体化）する方式が主流である．こちらはクラウド化，インフラ化と呼ばれ，これも仮想化の一種である．

集約化は「デジタルコンバージェンス」とも呼ばれ，ハードウェアレベルの集積度の向上が，ソフトウェアレベルでの高機能化につながる．マルチメディアとも呼ばれる音声/音楽，静止画/動画，ドキュメント等の多種多様なコンテンツ，IoT から得られる大量のセンサデータなどを，現実世界からデジタル世界に取り込んだり，逆にユーザに提示したりする装置が，1台の PC や1台のスマホなどに集約されてきたことを指す．さらに，現在では，ラジオ，テレビ，電話などのメディアや多種多様なアプリケーションの利用が，Web ブラウザ，FB や LINE などの単一プラットフォーム環境に集約されてきたことも指す．単にバラバラの機能が 1 ヵ所に集められるのではなく，互いにより関係の深い機能どうしが 1 ヵ所に集められていき，集められた機能どうしは互いにより深く関係するように変化していくのである．集約の方向は 2 種類あって，1 つはクラウドの方向であり，もう 1 つは端末の方向である．昨今は，計算に関わる資源（計算パワー，データ記憶，通信）のほとんどをクラウド上でまかなうようになっており，そのようなサービスアーキテクチャは，

PaaS (Platform as a Service), IaaS (Infrastructure as a Service) と呼ばれる．もう一方の端末への集約でも，端末上のアプリ間連携が深化・強化される（例えば，PC 上の PowerPoint, Word, Excel といったアプリケーション上では自由にコピー＆ペーストができたり，ブラウザを使っている最中でもリアルタイムで LINE や Facebook からのメッセージ到着通知が受けられたり，PowerPoint からビデオプレーヤを呼び出したりすることができるといった具合だ）．

この IT 発展のメガトレンドは，むろんこれからの都市における交通流，人流，物流等を対象とするモビリティ分野の IT にも当然大きな影響を与える．以下順次，モビリティ分野の IT における仮想化，集約化，個別化を議論し，どんな社会的阻害要因があってもいつか必然的にやってくる未来として，「モビリティプログラミング (mobility programming)」と，「体験としてのモビリティ (mobility as an experience)」を指摘したいと思う．

3.4 文脈化される空間と移動

2 章でも触れたように，仮想化はモビリティ分野に MaaS という概念をもたらした [2]．MaaS は，旅客や荷物を運ぶという移動サービスの標準化，規格化，あるいはクラウド化の上に成り立っている．例えば MaaS のレベル 2 では，マルチモーダル旅程プランナーで実際に情報を比較しチケットを事前にワンストップで購入可能となるが，この処理を実現するには，ユーザの手元で起動されたアプリから各旅客運輸事業者のチケット販売サーバに接続することになる．交通機関にはタクシー，バス，列車，飛行機など様々なものがあるが，それらを組み合わせて移動する計画を立てるには，可能性のある交通機関から必要な情報を取得する必要がある．このとき，拡張性と効率を考えれば，通信プロトコルやフォーマットはむろんのこと，事業者が提供するコンテンツ内容，単位，意味も統一共通化されていることが望ましい．この統一共通化が仮想化に相当する．仮想化によってアプリは交通機関の自由な組合せの中から最適なチケットをユーザに提示できる．さらに MaaS のレベルを 2 からレベル 3 へ，レベル 4（2 章表 2.1 参照）へと上げるには，例えば料金，予定変更，サービスレベルなどに関する情報も取得する必要があり，仮想化の対象範囲が広がることを意味する．

3章 スマートモビリティを実現する未来技術

次に，モビリティ分野で集約化（デジタルコンバージェンス）が進むと，乗り物としてのクルマ自体が，PCやスマートフォンのような端末の役割を果たし，クルマに移動サービス以外の多数の機能が，しかも相互に関連深い機能が集積していく。いわゆるコネクティッドカー (connected car) への進化である。その最初の主戦場は車のダッシュボードである。ダッシュボード全体が有機ELディスプレイのタッチパネルとして実現されれば，従来の車に装備されているスピード計，燃料計，温度計，室内空調制御，オーディオ制御，ナビなどを，PCのデスクトップのように，ダッシュボード上に自由に配置できるし，その表示スタイルや外観は自由にカスタマイズ可能である。

ダッシュボードの覇権争いには，自動車メーカだけでなく，プラットフォーマ（例えば Google, Apple, Facebook, Amazon＝最近はGAFAと呼ばれている）も参戦してくる。乗客（というよりユーザと呼ぶほうが適切か）は思い思いのアプリをダウンロードしインストールしてダッシュボード上で利用する。AIアシスタント（AppleのSiri, AmazonのAlexa, GoogleのGoogleアシスタントなど）はデフォルトでインストール済みである。さらに，ダッシュボードだけでなく車内のあらゆる場所がタッチパネル式ディスプレイ化され，自動運転が普及すると，クルマの中が，家，学校，職場，公共空間などに次ぐ生活空間として認識されるようになるであろう。と同時に，クルマはクラウドとして計算に関わる資源を供給するハードウェアにもなりえる。

人が活動する生活空間としての家，学校，職場，公共空間，乗り物などは，サービスを享受する人間を中心に捉え直す必要がある。こうした異なる空間は，ビジネス，学び，遊びなどの文脈によって，ひと続きの意味のあるシナリオ上にある。空間から空間へ移動しても，移ったことを意識させないようにすることが，生活環境のフラット化，あるいはシームレス化である。集約化が進むことで，生活空間（移動の空間も含めて）はひと連なりに文脈化され，時間と場所とコミュニティから分離させることが可能となる。その結果，生活の中から移動に対する意識が減っていき，人はよりノマド的な（つまり時間と場所に制約されない）活動をするようになる。究極のMaaSの姿は，ユーザが移動すること自体をまったく意識しないで生活できることであろう。対照的に，移動の体験を目的とする活動が分離され，そのようなサービスを

提供するビジネスも生まれるであろう。

3.5　個々人に最適化されるサービス

　現在のバスやタクシーなどの公共交通は B2C（Business to Consumer, 企業対顧客という関係での商取引）のビジネス形態が主流である。ここでは，企業は自社で車両を保有し維持管理し，運転手を雇用し勤怠管理し，サービスメニューを作り，料金体系を設定し，継続的に乗客にサービス提供する。そのほとんどは小売りのビジネスモデルであり，十分なサービス化までは手が回っていないのが実情である。しかし，上述したように仮想化と集約化の技術が進展することで，モビリティ分野でも移動サービスを B2B2C（Business to Business to Consumer, 企業対中間企業対顧客という関係での商取引）の流れが主流となってくる。1 番目の B 企業が仮想化され集約化された移動サービスを中間の B 企業 に提供し，中間の B 企業は自社で車両等の設備を保有せず独自のサービスを付加してユーザに提供する。例えば，Uber のような運転手と乗客を仲介するライドヘイリングサービス，Navitime のような統合経路探索（マルチモーダル旅程プランナー）サービスを提供する企業が，B2B2C の中間の B 企業に相当する。

　移動サービスの仮想化と集約化が進むとどうなっていくかは，まず水道や電力のインフラのことを思い浮かべるとわかりやすい。提供側からすれば，いかにして標準的な質の水や電力を大量に安定して安価にユーザに提供できるかが課題であり，ユーザ側からすれば必要なときに必要なだけアクセスできるかが課題である。移動サービスの仮想化と集約化は，移動サービスを，水道や電力のように，インフラ化していく。移動サービスはいずれコモディティ――商品がメーカーごとの個性を失い，どのメーカーの品を購入しても大差のない状態――となるだろう。ゆえにサービスを安価にかつ大量に供給しなければビジネスは成立しなくなり，B2C から B2B2C への移行が生じるのである。

　ここで市場の主導権を握るのは，サービスを付加する中間の B 企業である。なぜなら，顧客はもはや一律の属性を持つ匿名の人の集団ではなく，異なる属性，嗜好，人間関係，経験等を持つ個々の人であり，その個々の人に最適化したサービス＝すなわち個別化されたサービスの提供が，技術的・価格的

に可能になるからである。そして，その個別化を追求して，創造的な競争やオープンイノベーションが生じる。モビリティ分野も同様である。中間のB企業として，新興のプラットフォームベンチャーが次々と新しいサービスを打ち出す一方で，既存の大手自動車メーカーらが新興ベンチャーと手を組んだり，コンビニやGoogleまでもがモビリティ分野に参入してくるのは，この個別化というメガトレンドにうま味を感じるからである。

3.6 モビリティプログラミングの台頭

では，この個別化の流れはどこに辿り着くのだろうか。個別化の究極はプログラミングである。ここでプログラミングを行うのは，川下のC=個人顧客である。取引において川下の買い手には，中間のプラットフォーム業者からそれぞれアプリなどの簡易な手段が提供され，買い手は自分が受けたいサービスを組み合わせて入力する。その作業は，あらかじめ用意された選択肢から何かを選ぶという単純なものではない。先進的なマルチモーダル旅程プランナーであれば，誰にでも共通の条件検索ではなく，もっときめ細やかに「移動にかかる時間を3割，環境負荷削減を7割の重みづけで移動手段を選択したい」「降水量が何ミリ以上になったら自転車はやめて公共交通に切り替える」「帰りが晴れるようなら自転車を携行して移動する」「月曜は自転車，火曜と木曜は公共交通機関，水曜と金曜は自家用車で通勤する」，さらには「水曜の夜はスポーツジムへ立ち寄る」「第3月曜には病院へ薬をもらいに」といった具合に，あらかじめ自分自身の移動に対する嗜好性や行動指針をマイページに条件設定しておくことで，毎日の移動経路や移動手段は明示的あるいは非明示的にそこに含まれる。習慣だけではなく突発的なこと，例えば家人から連絡があり「帰りがけにどこかでイチゴを買ってきて」と頼まれると，イチゴの在庫があるスーパーをシステムが探索して復路の移動の手配もする——といったことも可能になる。我々はそれをモビリティプログラミング (mobility programming) と呼ぶこととする。

日本の地方都市や大都市郊外では，まだ自家用車で通勤する人が多くを占めている。例えば夜の宴席に参加しようとすれば，職場からいったん自宅に戻りタクシーやバスで出直したり，家族の運転で送迎してもらったり，宴席会場まで自家用車で移動し宴席終了後は運転代行を頼んで帰宅するなど，誰

かにお願いをしたり，なんらかのサービスを利用しなければならない。このような場合にも上述したようなモビリティプログラミングによって，朝の自宅から職場への通勤，職場から宴席会場への移動，宴席会場から自宅への帰宅のすべてを一度にスケジュールしてしまうことが可能である。また，飲食店側からは，朝の自宅出発から帰宅までの移動を含めたコースメニューを客に提供することも可能となる（もちろん，団体のコースメニューも考えられる）。帰宅途中に不在配達の荷物をピックアップするようなアレンジを加えることも，モビリティプログラミングでは自在である。

　MaaS の観点からは，個別化が進展すると，中間の B 企業である MaaS オペレータあるいはサービスデザイナーが今後大いに不足することが予想される。そのとき，ユーザ自身が行うモビリティプログラミングに対する期待と需要は高まるであろう。そのときのビジネス形態は，個人顧客参加型＝ユーザ参加型ビジネスのイメージに限りなく近づいていく。モビリティプログラミングはビジネスのレイヤーをとおさずに，モビリティの社会インフラのレイヤーに直接働きかけるようなものになる。

3.7　移動はマルチモーダルからモードレスへ

　モビリティ分野における今後のメガトレンドとして，仮想化，集約化，個別化の技術が重要であると指摘した。現在すでにモバイルとか IoT という言葉に象徴されるように，コンピューティングとヒトとモノと移動が統合されるなか，スマートモビリティという概念は，家，学校，職場，街，駅，交通機関など異なるモードを超えたものとなっている。人間の情報行動やコミュニケーション行動からみれば，生活空間・都市空間・公共空間はフラットでシームレスなものになってきたが，これからそこにクルマが加わると言われている。他の公共交通機関，鉄道や飛行機に乗っている間はすでにそうなりつつあるが，さらに自家用車の中が他の空間よりシームレスにつながっていく。クルマからオフィスへ，オフィスからまたクルマに乗って街へと移動しても，人は異なる環境のモードを意識せずに活動を続けることができる。空間と移動が一体化し，もはや移動しているということすら意識する必要もなくなる。やがてモビリティも生活環境も，マルチモーダルを超えてモードレスと言い換えられるようになっていく。

このモードレス化は，既存の情報環境の歴史においてもすでに多数見られる。古いところでは，UNIX系OS上で使われるテキストエディタの例がある。文字入力モードとそうでないモードを切替えるエディタ（例えばvi）と，そもそもそのようなモード切替えを持たないエディタ（例えばemacs）があるが，現在の主流はモード切替えを持たないエディタである。またコンピュータのユーザインタフェースは，CUIからGUIへと，GUIの中でもウィンドウシステム[2]からブラウザへと発展してきた。CUIでは，ユーザは実行するジョブごとに逐次的に命令を投入し，新しい状態を意識する必要があった（トップレベルとも呼ばれる）が，GUIではそのトップレベルが無くなった。ウィンドウシステムでは，ユーザは実行するジョブごとに新しいウィンドウを割り当てたが，ブラウザではウィンドウの切替えが無くなった。このように，モードレス化も技術発展における一つのトレンドと見なしてよいだろう。

さて，生活環境のモードレス化で，ユーザがサービスに触れる時間は長期間化する。すると消費者の行動は，ある機能を欲してサービスを利用するという行為の繰返しよりも，体験に価値を置くようになる。この変化は，昨今のサービス産業における消費傾向の変化としても頻繁に指摘されている。体験化が進んでいる例には，SNSや動画投稿・共有サイトの閲覧，ゲーム，観光，娯楽，スポーツなどがある。情報環境も，コンピュータとインタラクションする場から，統合的な体験をする場と見なされるようになっている。

3.8 体験としてのモビリティ

モビリティ分野でも現在のようにサービスという観点だけでなく，一歩踏み込んで体験という観点も導入することで，モビリティの価値を高めることができるのではないか。この考え方を「体験としてのモビリティ (Mobility as an Experience, MaaE)」と呼ぼう。モビリティプログラミングもMaaEにおける体験の1つと位置づけられる。一般に体験へシフトすることは，「驚きを与える物語」「他者との共感」「体験どうしの連動」などの要素がサービスの提供に加わることと言われている。例を通じて，モビリティ分野における驚き，共感，連動などがどのようなものか見てみよう。

---

[2] ウィンドウ，マウス，アイコン，ポインタ等のグラフィカルな要素からなるインタラクティブなユーザインタフェース。WIMPとも呼ばれる。

3.8　体験としてのモビリティ

　宅配サービスと人の移動サービスを統合するためにモビリティプログラミングをするケースを考える。例えばその荷物が持ち運ぶには少し重いとしたら，受取人の自宅に届けるのがよいだろう。夕方，受取人が自宅に戻るタイミングで，自動オンデマンドで宅配便を呼ぶことができる。その際，受取人はあらかじめ自分の受取条件として帰宅後5分以内，10分後以降，10分後から20分後までの間，1時間以内など，自由な選択肢で設定しておく。帰宅時間さえわかれば，設定条件に従って自動オンデマンドが発動される。そして本人にも宅配便が来ることが通知される。あと何分で到着するかを知ることもできるので，帰りがけにちょっと買い物もできる。もし帰宅時刻が深夜になる場合は，自動的に翌日あるいは週末に延ばされる，といった具合だ。現状では荷物注文時にウェブ上での日時指定，時間帯指定，配送途上でも宅配便ホームページでの時間変更など，配達時間のカスタマイズはある程度可能だが，受け取る側も届ける側もそのつどの操作や対応が必要である。もしすべてがあらかじめプログラミングしてあれば，すべての指示や変更が自動化されて最適な配達が成し遂げられる。多大なコストをかけて再配達している現状とはまったく次元の異なるスマートな世界は，ちょっとした驚きである。

　こうした世界を可能にする技術を搭載したシステムの1つが，本書で紹介しているAI公共交通サービスSAVS (Smart Access Vehicle Service) である。SAVSは単なるオンデマンド乗合配車サービスではない。究極的には上述したモビリティプログラミングを可能にするための，スマートモビリティ社会のプラットフォームサービスを目指している。

　例えば，その荷物が軽くて比較的小さいとか，ハンドリングしやすいものである場合ならばどうだろうか。帰宅中の受取人Aがオンデマンドで呼び出したSAVSの車両が，宅配便の集配所に寄り道して受け取ることが考えられる。しかし，その車両には相乗りしている他の乗客Xがいるかもしれない。他の乗客Xにとっては，相乗りしている乗客Aの宅配便のために迂回と到着遅延を余儀なくされるわけである。その際，システムが寄り道をするかどうかの意思決定は，乗客Aと乗客Xのモビリティプログラミング，および宅配サービスのプログラミング，相互に相矛盾する条件もすべて加味したうえで総合的判断を下す。相乗りが生じて遅れる10分間と宅配便を受け取るために遅れる10分間のそれぞれの価値，そこから生じる全員のコスト負担

のプライシングの価値などをすべて秤にかけ，AIのアルゴリズムを駆使し，マルチエージェント社会シミュレーションによって全員に最適となる高度な計算を行うのである（4章参照）。

　しかし，こうした個別化を志向するモビリティプログラミングだけでは，公共的な移動の時空間——つまりそれ自体が公共的体験であるところのモビリティの「偶然性」「一回性」といった要素について，自動化で対処しきれるとはかぎらないし，そもそも体験そのものは自動化できないところで起きると考えられる。例えば，もしその一回性の体験の「現場」で，乗客Xが乗客Aの宅急便の受取りのために集配所に寄り道をしても良いと思ったとすれば（昼間なにか気分の良いことがあったか，この後の約束の時間が延びたなどかもしれない），そこに生じた偶発的な譲り合いや共感という要因を排除すべき理由はない。逆に乗客Aは，システムがゴーサインを出したとしても，隣合せた乗客Xとの会話が弾んで「いつもより早く帰りたい」というXの気持ちに共感し，宅配便の集配所に寄り道をしないという現場での選択もできる。こうした他者との共感や配慮，現場での偶然性や一回性の体験を，モビリティプログラミングがどうサポートし表現するかも，今後の研究課題となるだろう。

3.9　社会的創発としてのサービス(SaSE)へ

　最後に，SAVSが人間だけでなく荷物の移動もすべて同時にこなすような，いわゆる貨客混載の世界（その先にはさらにサービス混載という究極の姿がある）を考えてみよう。このような世界では，複数の車両間で荷物をリレーして受取人の自宅や中継基地に届けるということが当り前になるだろう。これを実現するには，数万・数十万台単位の車両の状況を把握し，そこにデマンドを出す数百万単位の乗客の要求を満たしつつ，同時に別のレイヤーで数百・数千万の荷物の配送要求も満たしていくという，膨大な選択肢の中から最適なオペレーションを決定していく計算が必要になる。そこにも現場ならではの偶然性，一回性はつきもので，予期しなかったタイミングのズレ，偶発的なアクシデントへの対応，機転の効いたリカバリーが求められる[3]。あ

[3) イメージ的には，サッカーで言うところの「3人目の動き」を自動生成することに相当する。このような荷物配送（あるいは転送）を実現するのは容易ではないだろう。このよう

る乗客の宅配便は，別の乗客の乗降時間や移動ルートに影響を及ぼし，ある乗客の乗降は，また別の乗客の宅配便の配送に影響を及ぼす。こうして各乗客の体験は，他の乗客の体験と連動していくのである。

このような新しい世界では，利用者が体験を積み重ねることを通じて，おのおのにとって最適な利用法を工夫し発見していくであろう。個別化にプラスして，社会化あるいは公共化ともいえる重要な側面は，これまではシステ

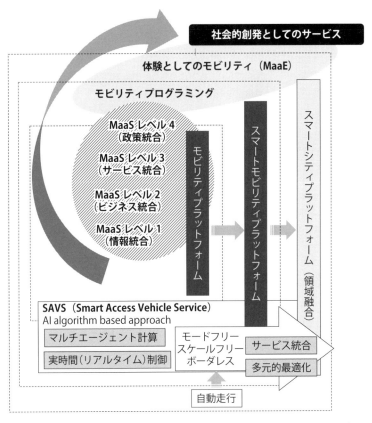

図 3.3 MaaS 以降の展開：モビリティプログラミングから体験としてのモビリティ (MaaE) へ

なリレー式配送の形態が進化して，車両そのものが分散した集配所として機能するようになれば，固定の集配所は不要になるだろう。

ム導入に先立って周到に準備され，便益計算によって導入の是非が議論された。しかしこれからのスマートモビリティ，スマートシティ社会においては，新たなインフラとシステムの上で，ユーザー自身が社会化の意義を現場で発見・実践し，その社会実装をユーザ自身がアジャイルかつオープンエンドなモビリティプログラミングによって行うようになっていく。SAVS のような AI のアルゴリズムにもとづく多元的最適化のための計算プラットフォームは，こうしたモビリティプログラミングを「群衆の知」として学習しながら持続的進化を遂げていく。

こうしたシナリオが，現在議論されている MaaS のさらにその先の「体験としてのモビリティ (Mobility as an Experience: MaaE)，そして「社会的創発としてのサービス (Service as Social Emergence)」という 1 つの究極の姿として描かれ追求されていくだろう。

参考文献

[1] ケヴィン・ケリー.『「インターネット」の次に来るもの : 未来を決める 12 の法則』服部桂訳. NHK 出版. 2016. Kevin Kelly. *The Inevitable: Understanding the 12 Technological Forces That Will Shape Our Future.* Viking Press:NY. 2016.

[2] Jana Sochor, Hans Arby, Marianne Karlsson, and Steven Sarasini. A topological approach to Mobility as a Service: A proposed tool for understanding requirements and effects, and for aiding the integration of societal goals. *In Proceedings of ICoMaaS 2017*, pp. 187–208. 2017.

4章

都市型デマンド交通とマルチエージェント社会シミュレーション

野田 五十樹

4.1 シミュレーションの必要性

　SAVS のような新しい公共交通サービスを創出する場合，マルチエージェント社会シミュレーション (Multi-Agent Social Simulation: MASS) が大きな武器となる。MASS とは，人の振舞いを含めた社会現象を，知的エージェントや人工知能の技術を用いて分析・最適化する技術である。

　MASS のメリットは 2 つある。まず 1 つは，これまでにないサービスに対する評価が可能という点である。近年，ビッグデータや深層学習，データマイニングといった技術が注目されているが，これは，すでにあるサービスの使われ方をデータとして分析するものである。つまり，サービスそのもの，それを最適化するといった場合には有効である。しかし一方，SAVS のような全く新しいサービスではデータそのものがまだ存在しないため，データマイニングや機械学習といった技術を活用できない。MASS は，そういう場面でも利用できる技術であり，今までにないサービス形態・利用方法・条件などをテストできる。

　もう 1 つの MASS の利点は，多様な条件をテストできることである。機械のパーツなどに比べ，社会的なサービスでは，利用者の好みや目的，天候，地域特性など，関係する要素が非常に多い。これらの様々な条件の組合せに関して，実際に社会実験することは，事実上無理である。一方，コンピュータによるシミュレーションでは，コンピュータの台数さえ用意できれば，非常に多数の条件をテストすることができる。この数十年の間に起きた，少品

種大量生産から多品種少量生産への動きはサービスの分野でも主流になってきている。SAVS が担う移動サービスも同じで，利用者によって移動の目的も方向も，また，時間的な要望も様々である。そういう要望にどのように応えるのかを調べる上でも，MASS による多面的な評価は欠かすことができないものである。

この章では，SAVS の有効性や適切な運用方法を探る方法としての MASS の活用事例を紹介していく。

4.2　仮想都市での MASS

SAVS の有効性を確認するには，まず何をどう示すべきなのか，これがプロジェクトの初期段階に我々が抱いた問題であった。2000 年代初めに本プロジェクトに取り組み始めた頃，我々は公共交通に関しては全くの素人であった。そこで，公共交通を評価する上で，まずはどういう切り口でとりかかるべきか，を考える必要があった。当時我々は，産業技術総合研究所にサイバーアシスト研究センターを組織し，高機能の携帯機器が普及することを見越して，「今，ここで，自分の望むサービスを」どう技術的に提供できるのか，ということに取り組んだ。SAVS の元になったデマンドバスシステムのアイデアも，その考えからきている。

素人を自認していた我々は，まず単純に，「思い立ったとき，好きな場所にできるだけ早く行ける」を交通サービスの基本とすることとした。公共交通としては，快適性・定時性・可用性・維持コストなど様々なサービス要素があるだろう。しかし，これらの要素は成熟したサービスでは意味があるが，全く新しいサービスでは拠って立つものがない。そこで，まずは最も単純に，「移動」という交通の根本での評価を第 1 の指標に据えた。

次に，既存サービスとの相対評価によって「移動」サービスの効率の良さを評価することにした。自ら交通サービスを提供していなかったことから，そもそもサービス提供に必要な工程のどの部分にどれだけのコストを想定すべきか，コストに対しどれだけの収益を予定すべきか，など，多くのことが不明であった。そこで，路線バスなどすでにあるサービスについて，同じ設備・同じコストで運行するとして，SAVS がどのような移動効率を実現できるかを，既存サービスの効率と比較することで優劣を判定できるだろう，と

考えた。

4.2.1 碁盤目都市

対象とする都市として，まず取り上げたのが京都のような碁盤目状の都市である。碁盤目都市には2つのメリットがある。1つ目は，都市の構造として普遍的で，特異な条件が入りにくい点である。実際の都市を取り上げると，どうしても地形の制約（川が横断しており，地域が分断されているなど）や，そもそもの町の成り立ちで都市構造に偏りがあったりする。これらの条件はMASSの評価に影響を及ぼすため，交通機関としての利便性などを評価する上で，どうしてもバイアス（偏り）が出てしまう。碁盤目都市を用いれば，それらのバイアスを避けることができる。もう1つの利点は，任意の地点間の最短経路や最短距離が容易に求まることである。

以下に述べるMASSでは，このような経路の計算を非常に多くの回数行う必要があるため，この計算にかかるコストを抑えることができれば，MASSでの評価がより多く行える。実際には，図4.1に示すような，縦横11本ずつ

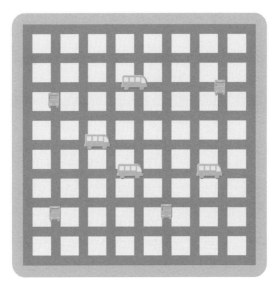

図 4.1 碁盤目都市

4 章　都市型デマンド交通とマルチエージェント社会シミュレーション

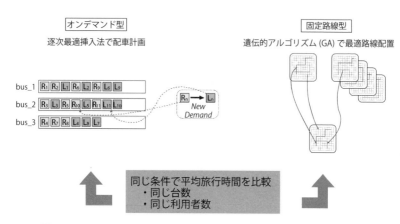

図 4.2　逐次最適挿入法と遺伝的アルゴリズムによる各方式の最適化

道路がある都市を本 MASS では用いた。

次に決めるべきものとしては，利用者がどこからどこへ移動しようとするか，つまり，デマンドの分布である。これについては，最初の実験では一様分布を仮定した。つまり，利用者の出発地と目的地が碁盤目状の町中でまんべんなく散らばっていると仮定する（これについては後ほど，別の設定も取り上げる）。

最後に，比較の方法である。先に述べたように，まずは路線バスと SAVS との利便性を評価することを考える。その際に重要となるのが，運行形態の異なる方式をフェアな形で比較するということである。例えば，路線バスの路線を無茶苦茶に引けば，路線バスの利便性を意図的に悪くすることができ，容易に SAVS が便利ということを示せてしまう。逆に，SAVS の配車についてわざと効率悪くすることもでき，それだと路線バスが有利になってしまう。そのような比較では意味がない。これを避けるために，おのおの，最適な方法で運行方式を決めることを行った。

まず，路線バスについては，利便性が最適になるような路線配置でその利便性を調べることにした。ただ，固定路線では，何台のバスをどの路線で運行するかによって，最適な路線配置が異なり，また，その最適な路線配置も自明には求まらない。そこで，「遺伝的アルゴリズム」という方法で最適配置

4.2 仮想都市でのMASS

を求めることにした．遺伝的アルゴリズムというのは，生物の進化の方式をまねた手法であり，解きたい問題に対しその解法を多数用意し（解集団と呼ぶ），それを世代交代させながらより良い解法を見つけていく方法である．世代交代では，問題をうまく解ける解法を適者生存で生き残らせつつ（淘汰と呼ぶ），それらの解法を組み合わせたり（交配という），部分的に変化させたり（突然変異という）して新しい解法を作って次世代を構成していく．これを何度も繰り返すと，問題をうまく解ける解法が少しずつ形を変えながら生き残っていき，最後には最適に近い解法を得ることができるというものである．路線バスの路線配置の最適化では，一定の数の路線の組を1つの解法として扱い，その路線の組を多数用意して，おのおのの利便性をMASSにより求める．この，利便性が上位の組を1割程度残し，さらに，その組の路線をちょっと変更したものを作ったり（突然変異），2つの組から路線を混ぜ合わせて取り出して新たな組を作ったり（交配）して，様々な路線の組を試す．これを何回も繰り返して，最終的に最も利便性が高くなったものを最適路線として扱うことにしている．なお，上でも述べているように，運行するバス台数やデマンドの分布によって最適路線は異なるため，そのパターンごとに遺伝的アルゴリズムを適用して最適なものを求める必要がある．

　SAVSの最適化では，「逐次最適挿入法」という方法を採用した．乗合いのための最適配車は，「巡回セールスマン問題」と呼ばれるものとほぼ同じ問題となっており，厳密な最適解を見つけるためには，非現実的なほど手間がかかることがわかっている．逐次最適挿入法は，その手間を避けるために厳密な最適解を見つけることをあきらめ，以下の制約・手順で準最適解を求める方法となっている．

- デマンドは，1つずつ逐次的に発生するものとする．
- 新たなデマンドへの配車を決める際，他のデマンドの配車は変更しないものとする．
- 新しいデマンドを引き受けた車では，すでに受けているデマンドの迎車・降車の順番は変更せず，新しいデマンドの迎車・降車を挿入するものとする．
- おのおのデマンドにはあらかじめ決められた締切時間があり，その時

4章　都市型デマンド交通とマルチエージェント社会シミュレーション

間までに到着できるように配車する。また，新たなデマンドを受ける際，既存のデマンドの締切時間がオーバーしないように配車するものとする。
- 以上のような条件で，新たなデマンドが発生するごとに，既存デマンドに生じる延べ遅延時間が最小になるように配車を決める。

この方法では比較的少ない手順で最適な配車が見つかるため，MASS の計算の高速化のためにも，また実際の運行においてリアルタイムで配車決定を行うためにも有効である。

4.2.2　デマンドが一様に散らばっている場合

まず，デマンドが都市全体にまんべんなく散らばっている場合の結果を見てみよう。図 4.3 がその結果である。このグラフでは，横軸に運行する車両の台数，縦軸に利用者 1 人当りの平均移動時間を示している。つまり，下にいくほど利便性が高いことを示している。

グラフの中で，太線で示しているのが，路線バスの利便性の変化である。この太線が右にいくに従って下に下がっているが，これは，運行台数が増えると利便性が上がることを示している。路線バスの場合，運行できるバス台数

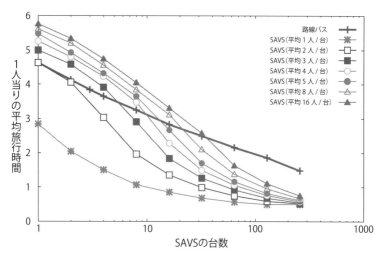

図 4.3　デマンドが一様分布の場合の旅行時間の変化と比較

が増えれば，より稠密に路線を敷くことができ，また，各路線での運行頻度も高めることができる．このおかげで，都市のいろいろな所へ行き来する人に対してもきめ細かな移動サービスを提供でき，利便性を高めることができる．MASS の結果は，このことを示している．

グラフの他の細い線は，SAVS の利便性の変化を示している．SAVS の場合，利用者の数と運行台数の比率によって利便性が大きく異なるため，いくつかの比率を仮定して MASS 評価を行っている．一番下の線が，1 台当り平均して 1 人しか乗車していない，ほぼタクシーと同じくらいの運行をしている SAVS，一番上の線は，1 台当り平均して 16 人乗車している SAVS の場合の利便性となっている．つまり，利用者に対し多くの台数を割り当てれば，利用者にとっては利便性が高く（移動時間が短く）なるようになっている．

運行台数の増加に対する利便性の変化に着目すると，SAVS の場合も路線バスと同じく，台数の増加に伴い利便性が向上（平均旅行時間が低減）していることがわかる．さらに注目すべきなのは，台数が増えたときの利便性の改善度合いが，路線バスより SAVS のほうが大きいことである．図 4.3 に描かれた SAVS の利便性の曲線が，いずれも最終的には路線バスの利便性を超えている．つまり，たとえ 1 台当りの利用者を多く設定していたとしても，利用者が十分多く，運行台数を大きく取ることができれば，SAVS の利便性は路線バスを上回ることを，MASS は教えてくれている．

1 台当りの利用者を大きく取れるということは，運行者・利用者双方にとってメリットがある．つまり，1 台当りの利用者が多ければ，同じコストで多くの人に質の良いサービスを提供できるので，売上げの向上および利用料金の低減が可能となる．そして，安価で良質なサービスの提供により，潜在的な利用者の掘り起こしも期待できることがわかる．

4.2.3　デマンドが集中する場合

デマンドに偏りがある場合はどうであろうか？　一般の都市には，鉄道駅やショッピングセンターなど，人が集まる場所がある．当然，そういう場所は，目的地や出発地としてデマンドが集中すると考えられる．そういう場合でも SAVS は機能するだろうか？　それを MASS で調べてみよう．

まず，都市の中心にデマンドが一極集中する場合を考える．具体的には，

4章 都市型デマンド交通とマルチエージェント社会シミュレーション

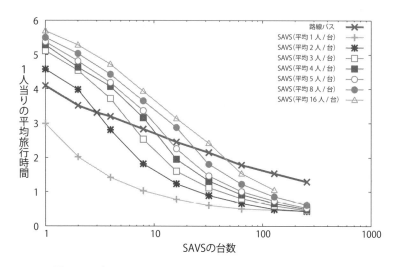

図 4.4 デマンドが中心に一極集中する場合の旅行時間の変化

図 4.1 の都市において，デマンドの半分がちょうど真ん中の交差点を出発地あるいは目的地となるようにして，同様に路線バスと SAVS の利便性を調べてみる．図 4.4 がその結果である．この図は図 4.3 とほぼ同じ傾向となっているが，おのおのの曲線において，わずかに旅行時間が短くなっている．つまり，デマンドが集中することで，複数の利用者を効率よく運ぶことができるようになることが，MASS の評価でも反映されている．一方で，SAVS の利便性が固定路線を超えるところについては，図 4.4 と図 4.3 でほぼ同じとなっている．つまり，SAVS が路線バスよりも効率的になる台数は，一様分布する場合でも一極集中する場合でも，あまり変わらないことが示されている．すなわち，デマンドが一極集中する場合は，同じ台数で全体的に利便性を高めることができ，かつ，路線バスでも SAVS でも同様にその効果が現れることがわかる．

次に，二極集中する場合を考えよう．つまり，駅やショッピングセンターなど人が集まる場所が都市に 2 ヵ所存在する場合である．この場合の MASS の結果が図 4.5 である．このグラフも，これまでの分析と同じような傾向を示しているが，詳しく見ると少し違いが出てきている．二極集中の場合は，一

60

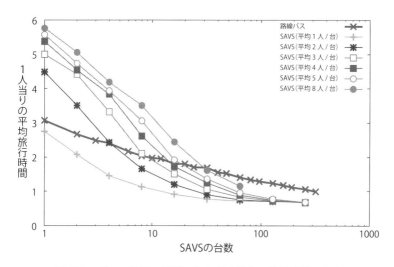

図 4.5 デマンドが 2 箇所に集中する場合の旅行時間の変化

極集中よりさらに旅行時間の短縮効果が現れているが，その効果が，路線バスの場合と SAVS の場合で違いがある．この条件の場合，実は路線バスにおける短縮効果が SAVS より大きいという結果になっている．このため，SAVS の利便性が路線バスを超えるところが，少しずつ右にずれている．つまり，二極集中する場合は，より多くの利用者が見込めるところでないと SAVS の有効性を発揮できないことを，この MASS は示しているのである．

4.2.4 路線バスと SAVS の特性比較

先ほどの MASS 評価が示しているように，SAVS という運行方式は万能というわけではない．どのような交通手段でもそうであるが，すべての場面について有効な方式というのはなかなかない．大事なのは，おのおのの交通手段の優劣を見極め，適材適所で運行方式を違えていくことである．

その端的な例を MASS で示そう．先ほどの碁盤目都市で，運行台数を 3 台に固定したときに，SAVS と路線バスでの平均旅行時間がどう変化するかを，MASS で評価した結果が図 4.6 である．このグラフは，横軸が利用者数，縦軸がこれまでと同じく平均旅行時間である．水平に引かれた太い赤線は，路

4 章　都市型デマンド交通とマルチエージェント社会シミュレーション

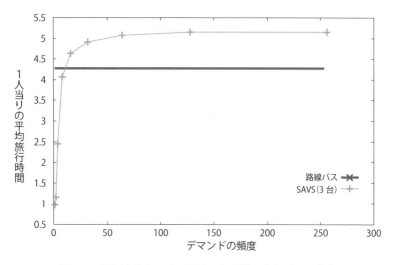

図 4.6　運行台数を 3 台に固定した場合の旅行時間の変化

線バスの場合の平均時間を示している。この MASS では利用者の乗降時間を考慮していないため，定時運行する電車での移動と同じく路線バスでの旅行時間は，利用者が増えても変化しない。一方，SAVS のほうを見ると，利用者が少ない場合には旅行時間が短く利便性が高いが，人数が増えるに従い急速に悪化していくことがわかる。つまり，利用者が少なければほぼタクシーと同じように目的地に直行できるが，利用者が増えるに従い寄り道が多くなって旅行時間が伸び，すぐに路線バスより不便になってしまうことを示している。このグラフでは，平均利用者が大体 10 人当りで，その利便性が逆転してしまうことがわかる。

　こういう分析ができると，今度は運行方式を状況に応じて変更する，その判断の拠り所とすることができる。SAVS が有利な点は，路線バスのような運行も同じ仕組みでできる点である。SAVS では，乗客定員を 1 人（1 組）に限れば通常のタクシーと同じ運行となり，また，デマンドを直接利用者から受けずに，路線バスの各バス停で順番に仮のデマンドがあるとすれば，路線バスと同じ運行ができる。この柔軟性と，上で述べたような利便性による運行方式の優劣条件を組み合わせれば，状況に応じた効率的な交通手段の提供

が可能となる。そのためには利用者や運転手が混乱しないような仕掛けも必要ではあるが、これまでにない公共交通のあり方として、様々な可能性が広がっていくと言える。

4.3 実際の都市でのMASS

前節では、碁盤目状の仮想都市でのMASSで、SAVSの可能性を議論してきた。本節では、実際の都市を題材として、SAVSの現実性や可能性を見ていこう。なお、ここで紹介するMASSの舞台は、SAVSの発祥の地、函館である。

4.3.1 函館での路線バスとの比較

まず、既存の路線バスを徐々にSAVSに置き換えていくとどうなるかを見てみよう。

函館の中心部（東西13km、南北10km）では、36の主要路線で1日延べ890台のバスが運行している。この路線バスを少しずつSAVSに置き換えていく、という設定を考えてみる。利用者数は、1日10000人と仮定している。このときの利便性の変化をMASSで調べてみた結果が図4.7である。このグラフの縦軸は、バスやSAVSを使わずに徒歩で移動したときにかかる時間を1として、路線バスとSAVSによりどれくらい時間が短縮できるか、の平均を示している。横軸は路線バスからSAVSに置き換える台数の割合である。グラフの曲線の中で、黒の破線が歩いた場合の基準値（1に固定の水平な線）、グレーの破線が路線バスを使った人の旅行時間、黒の実線がSAVSを使った人の旅行時間、そしてグレーの実線が全体の平均を示している。なお、SAVSや路線バスを使うと歩くより時間がかかる場合は、交通機関を利用しないとしている。

図4.7では、置換えが進むにつれSAVSの利便性が順調に伸びていく様子が示されている。路線バスの利用者の利便性（グレーの破線）は、歩行者に比べ少し良いぐらい（歩いた場合に比べて10%弱の改善）を保っているのに対し、SAVSの利便性（黒の実線）では置換え率10%（横軸の0.1付近）あたりから急速に改善し、置換え率60%あたりでは歩いた場合より40%（縦軸で0.6付近）、路線バスよりも30%以上、移動時間が改善できている。つまり

4章　都市型デマンド交通とマルチエージェント社会シミュレーション

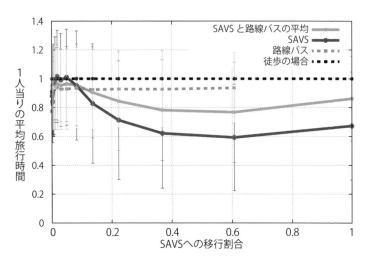

図 4.7　函館市の路線バスを SAVS に徐々に置き換えていった時の利便性評価

函館の場合では，路線バスを SAVS に置き換えていく場合，SAVS の置換え率が 10％を超えるあたりから利用者に不便をかけることなく移行できることがわかる．一方で，置換え率が 10％に満たない場合は SAVS の台数が少ないせいもあり，十分な効果が発揮できないことも，このグラフから読み取ることができる．また，置換え率が 60％ から 100％ へ向かうに従い，SAVS による旅行時間が少し伸びていることも見て取ることができる．これは，すべての路線バスを SAVS で置き換えるのが必ずしも正しくはなく，一部，路線バスを残しておくべきことを示していると考えることができる．

つまり，MASS の評価によれば，路線バスの置換えとして SAVS を函館に導入する場合には，最初の段階である程度まとまって導入を始め，徐々に置き換えていくことが望ましいと考えられる．また，すべてを置き換えるのではなく，路線バスがうまく機能するところと SAVS への置換えが効果があるところを切り分けて計画することが大事であることが読み取れる．

4.3.2　全市民が利用したら

さらに未来の予想をしてみよう．もし，函館市民が全員，自家用車を使わずに SAVS を使うようになったら，どういう社会になるだろうか？

4.3 実際の都市での MASS

現在,自動運転の研究が急速に進んでおり,それほど遠くない将来,ほぼすべての車は自動運転になると予想されている。そうなると,人々は車の運転から開放されるだけでなく,車を所有・管理することからも開放される。人々は移動したいときに車を呼べばよいわけである。そうなると,経済的理由から,乗合サービスが普段使いの選択肢となっていくと予想できる。特に近年問題となっている,高齢者などの交通弱者増加の傾向からも,このような全市民による SAVS 利用は,十分ありうる設定である。

全市民が利用する場合,まず気になるのが,何台の SAVS 車両を動かせばよいか,である。現在,函館の人口は約 27 万人であり,直近の調査データにもとずけば,函館の市街部ではタクシーと自家用車を合わせてだいたい 1 時間当り平均 25,000 トリップ(自宅から職場など 1 回の移動)ほどの移動要求が発生していると推計される[1]。これらすべてが仮に SAVS に置き換わり,全市民の足になるためには,不便であっては移行が進まないであろうし,導入の意味もない。そのためには,25,000 トリップの移動要求を,一定の待ち時間の範囲でさばいていく必要がある。一方で,利便性のためにあまりにコストがかかりすぎても意味がないだろう。つまり,利便性を損なわないギリギリの台数をまずは求める必要がある。

この課題に応えるために行った MASS の結果が図 4.8 である。この MASS では,函館市街部で一定の割合で 25,000 トリップのデマンドが日中に発生しているとして,様々な台数(1,500 台,2,000 台,3,000 台,5,000 台)の SAVS 車両でサービスを提供していったとき,各デマンドにおける待ち時間がどのように変わっていくかを調べている。グラフでは,横軸にデマンドを発生した順に並べ,縦軸に各デマンドにおける待ち時間を示している。これを見ると,1,500 台や 2,000 台の SAVS 車両では,プロットが右肩上がりに伸びている。これは,これらの台数ではさばききれず,徐々にデマンドが積み上がっていることを示している。一方,3,000 台や 5,000 台の場合では,プロットは一定のところで頭打ちとなり,後ろの方のデマンドまで一定の待ち時間の範囲を保てている。つまり,3,000 台以上あれば 1 日 25,000 トリップ

---

[1] 函館市の平成 25 年版交通事業報告書のデータにもとづく推計。タクシーと自家用車(自動二輪・軽自動車含む)の 1 日当り利用数(トリップ数)は合計約 30 万と算定されており,この 30 万トリップを仮に 12 時間で割ると 1 時間当り約 25,000 トリップとなる。

4章　都市型デマンド交通とマルチエージェント社会シミュレーション

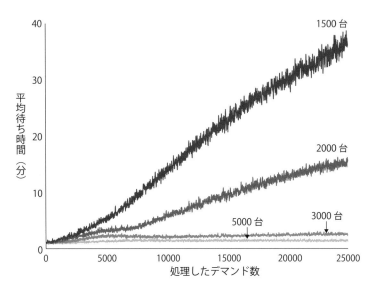

図 4.8　函館市全市民が SAVS を利用した場合の運行台数と待ち時間の関係

のデマンドをさばききることができることを示している．また，3,000 台と 5,000 台では頭打ちする高さに違いがあり，3,000 台の場合で約 3 分，5,000 台の場合で約 2 分弱程度の待ち時間でのサービスを維持できることがわかる．

つまり，函館市全市民の足を担うためには，最低で 3,000 台の SAVS 車両があればよいことが，この MASS からわかる．このことのインパクトは大きいであろう．現在，函館の自家用車利用数は 13 万台超と推計されている．これが計算上は 40 分の 1 の台数ですんでしまうわけなので，交通渋滞がかなり解消されることが期待できる．もちろん自家用車が常時使われているわけではないので単純比較はできないが，少なくとも市街地から 1 人乗りの自家用車が相当数減るだけで，かなりの渋滞が解消されるであろう．さらに，駐車場が不要になることも，土地利用や人々の行動に大きな変革をもたらす．特に都心部，中心市街地の店舗などでは，利用者のための駐車場の確保の必要がなくなり，土地利用の自由度が高まる．利用者からすれば，駐車場が少なくて行きづらかった中心市街地へも，気軽に行きやすくなる．また，これまで交通が不便であったところでも集客が見込めることになり，店舗に対する

ロケーションの考え方もだいぶ変化するのではないであろうか。

4.4 MASS評価の可能性

これまで紹介してきたように，MASSを行うことで，SAVSの様々な可能性を示すことができる。もちろん，MASSは現実の一部しか切り取れないので，MASSの計算どおりになる保証はない。ただ，SAVSのような，これまでになかったサービスを社会実装していくためのツールとして，気軽にいろいろな設定をテストできるMASSは活用範囲が広い。これからの交通サービスは，MaaS（Mobility as a Service：移動のサービス化）という考え方で，様々なサービスとの連携が重要になってくる。このとき，どのようなサービスとどのように連携すれば効率的なのか，また，利用者に利便性が提供できるのか，多くの組合せを検討していく必要がある。このサービス連携においても，MASSは大きな力を発揮するであろう。

参考文献

[1] 野田五十樹，篠田孝祐，太田正幸，中島秀之.「シミュレーションによるデマンドバス利便性の評価」，情報処理学会論文誌 49(1), pp.242–252, 2008. http://id.nii.ac.jp/1001/00009710/
[2] 野田五十樹，太田正幸，篠田孝祐，熊田陽一郎，中島秀之.「デマンドバスはペイするか?」，情報処理学会研究報告 2003–ICS–131, pp.31–36, 2003年1月. http://id.nii.ac.jp/1001/00050462/
[3] 太田正幸，篠田孝祐，野田五十樹，車谷浩一，中島秀之.「都市型フルデマンドバスの実用性」，Technical Report 2002–ITS–11–33 (Vol.2002, No.115 ISSN 0919–6072), 情報処理学会高度交通システム研究会研究報告，2002年11月. http://id.nii.ac.jp/1001/00009710/

5章

未来のモビリティデザインと需要分析・予測・設計手法

金森　亮

5.1　交通需要の把握

　地域や利用者の特性に応じた最適な交通サービスを設計して提供するには，交通需要を把握し，少し先をシミュレーションなどで予測し，それを踏まえて利用者への情報提供，物理的な容量制限や料金変更で制御することが望ましい。ここで「交通需要」とは何であろうか。ドライブなど移動自体を楽しむこと以外に，通勤や通院，買い物や食事など移動先での活動を行うために派生する移動の大部分が交通需要となる（専門的には「トリップ（trip）」と定義される）。そのため交通需要は，より早く，より安く，より快適であることが多くの人から好まれ，特定箇所に集中することでサービス水準が低下（混雑）する。また，ある地域でみると，その地域内に住む居住者，他地域からの訪問者（観光客も含む）の移動，さらに製品・商品といった物が行き交う物流もあり，利用される交通手段や施設など，様々な断面から交通需要を観測・分析することができる。しかし，交通需要の全体像を完全に観測することはできず，実態把握のための推計が必要である。交通需要の把握は，数年に一度の社会基盤整備の基礎情報として，また，最近では数分間隔のダイナミックなサービス提供（例えばタクシー配車）や道路交通のインテリジェント制御（混雑課金や信号連携など）のための情報として必要となる。

　交通渋滞・混雑や交通事故など交通問題の多くは居住者目線で整理されることが多く，代表的な交通需要の把握方法として「パーソントリップ(PT: Person Trip)調査」がある。これは，通勤圏域や都市区域内の数パーセント

5章　未来のモビリティデザインと需要分析・予測・設計手法

の居住者を無作為抽出し，平均的なある1日（秋口の特異日でない平日）の交通行動（どこからどこに，どのような目的で，どのような交通手段を利用して移動しているか）をアンケート調査するものである．大規模なアンケート調査となるため，数年〜10年間隔で実施され，地方自治体の比較的長期の交通計画の基礎データとして利用される．平成27年度に実施された全国都市交通特性調査（通称，全国PT調査）の結果を一部紹介する [1]．

本調査は全国的な交通需要を横断的かつ時系列的に把握することを主眼とし，定量的な検証は対象外であることに留意されたい．平成27年度の結果から，若者（20歳代）の移動回数が高齢者（70歳代）の移動回数を下回るなど，過去5回の調査と比較して1日の交通需要は減少していることが確認された．また自家用車を持っていない人のほうが移動回数が少ないなど，鉄道やバスといった公共交通の利便性が悪いと活動機会の低下を招く可能性も確認された．

ここで，移動（トリップ）における利用交通手段の集計定義について説明する．自宅から通勤先まで移動する際に，自宅から最寄り鉄道駅まで自転車を利用し，その後，会社の最寄り鉄道駅まで1回の乗換えを経て，最後に徒歩で会社に行く通勤トリップを想定する．この場合，徒歩，自転車，鉄道と3つの交通手段を利用しており，移動（トリップ）単位で集計・分析する際に便利なように代表的な交通手段を設定する．交通手段の代表制はコスト（運賃や手間暇など一般化された費用）の高い順に設定され，都市交通では鉄道＞バス＞自動車（自家用車）＞自転車＞徒歩と定義されることが多く，先の通勤トリップの代表交通手段は鉄道となる．また代表交通手段を利用するまでの交通手段（先の通勤トリップでは自転車と徒歩）は端末交通手段と呼ばれ，最近ではファースト/ラストマイル交通手段とほぼ同じ意味合いである．

さて，代表交通手段を理解したところで，全国PT調査における移動距離帯別代表交通手段構成比，最寄り鉄道駅までの距離帯別代表交通手段構成比の集計結果を見てみよう．図5.1は，鉄道網が充実した三大都市圏の平日の集計結果である．鉄道の利便性は高いが，移動距離帯が10 km未満では自動車，自転車や徒歩の利用割合が高く，移動距離帯が長くなるにつれて鉄道利用割合が高くなるなど，所要時間と費用のバランスの取れた適切な交通手段が選択されている様子が確認できる．また鉄道駅までのアクセス距離が近い

5.1 交通需要の把握

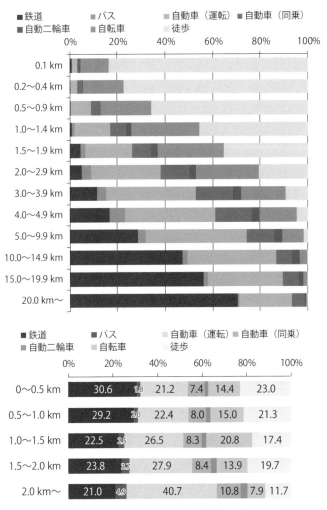

図 5.1 移動距離帯別代表交通手段構成比（上）/鉄道駅アクセス距離帯別代表交通手段構成比（下）
(H27 全国 PT 調査 三大都市圏の平日の結果) [2]

ほど鉄道の利用割合は高い傾向にあるが，アクセス距離が 2 km 以上の場合は自動車の利用割合が半数以上となるなど，鉄道利用に鉄道駅アクセス距離は重要な要因であることがうかがえる．

5章　未来のモビリティデザインと需要分析・予測・設計手法

　一方，PT調査のように大規模なアンケート調査を実施する以外にも，個々人の携帯電話の位置情報データを個人情報に配慮した上で，行動軌跡データとして活用したり，鉄道駅の乗降者数や高速道路の料金所の通過車両台数をカウントすることで容易に交通需要の一部を観測することもできる。しかし，行動軌跡データは移動目的（活動内容）や利用交通手段が欠落していたり，交通施設でのカウントデータは真の出発地・目的地がわからないなど，追加的な調査や作業が必要となり，現在，それぞれの欠点を補完した複合的な調査方法が検討されている。

5.2　交通需要分析・予測手法とその説明能力

　PT調査などで把握された交通行動データから交通需要分析・予測を行う手順について簡単に説明する。一般的に，1日やピーク時の交通需要に対して最適化を目指す施策検討のために，交通需要予測が必要となる。そのため1日の交通需要の変化要因以外である，性別年齢別，職業別，自家用車保有・運転免許保有別などの人口指標，住宅街やオフィス街の土地利用特性は与件として予測作業を進めることが多い。また，道路新設・改修による所要時間短縮，鉄道・バスの運賃割引などによる交通需要の変化を客観的，定量的に説明できることが交通需要予測に求められる。

　交通需要分析・予測のアプローチは大きく2つある。1つ目は先に確認した移動距離帯別代表交通手段構成比のように，その地域の交通需要の特性をデータ集計し，関係性を推計するモデルであり，「四段階推定法」がよく知られている。もう1つのアプローチは，観測された交通行動データをゾーン（地域単位）で集計せずに，個人の交通行動の判断基準を直接モデル化する方法である。

　四段階推定法に代表される集計モデルは，経済成長や人口増加など右肩上がりのトレンドにあった時代，計算機の制約が非常に高かった1960年代に提案された効率的な交通需要予測手法である。PT調査で収集した多数の交通行動データをあるゾーン単位で集計し，

①　各ゾーンから生じる，また各ゾーンに集まる交通需要を推計する「発生・集中交通量」

5.2 交通需要分析・予測手法とその説明能力

② 発生・集中交通量を制約として算出されるゾーン間の「OD(Origin-Destination) 交通量」または「分布交通量」
③ 分布交通量を制約として交通手段の利用構成を算出する「分担交通量」
④ 各交通手段の分担交通量を制約として，移動経路別（ネットワーク上）に算出される「配分交通量」

を段階的に算出する手順が四段階推定法である．具体的には，発生・集中交通量は，まず予測対象地域全体の人口指標当りの移動回数を PT 調査から算出し（例えば，H27 全国 PT 調査結果では，平日 2.17 回/人日），国勢調査結果などから推計される将来人口予測結果を用いて地域全体の交通需要の総量を予測する．その後，各ゾーンの人口指標等を用いて発生・集中交通量を回帰し，総量調整を行う．分布交通量は各ゾーンの発生・集中交通量を基に，万有引力の法則になぞらえてゾーン間魅力度の強さで交通量が回帰できると仮定した重力モデルが有名である．さらに分担交通量は距離帯別代表交通手段構成比の回帰モデルなどから OD 交通量を分割し，配分交通量は交通手段別 OD 間最短経路に分担交通量が割り当てられ，どの区間が混雑するかが予測される．

　四段階推定法はデータ処理が効率化された手順であり，単純で理解しやすい反面，各段階のモデルが独立しており，交通行動の文脈からの説明能力が弱く，またサービス水準改善による効果が適切に反映されないという問題点が指摘されている．具体的には，四段階推定法は地域の総交通需要を初めに推計し，その後に細分化する手順であるため，例えば道路新設による所要時間短縮効果として，交通手段の変更，目的地の変更，外出・移動頻度の変更などの交通行動の変化を考慮できない．また，個々人の交通行動データをゾーン単位に集計することによる因果関係の反転も大きな問題である [3]．図 5.2 は世帯所得とトリップ数の観測イメージであり，個々のデータでは所得とトリップ数は正の相関があるが，ゾーン平均値では逆の相関関係を示している．交通需要分析・予測ではこのような結果となることも少なくはなく，慎重に観測データを分析する必要がある．

　情報処理能力の飛躍的な進歩により観測データを集計せず，交通需要を生成する最小単位である個人の交通行動を直接的にモデル化し，分析・予測す

5章 未来のモビリティデザインと需要分析・予測・設計手法

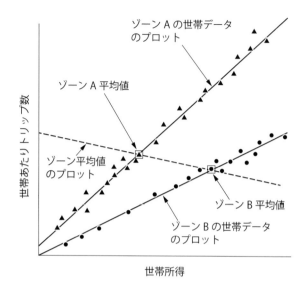

図 5.2 空間的集計による生態学的誤謬（ごびゅう）の例 [4]

ることが第2のアプローチである．ふだんの移動時を思い返してみると，どこに（目的地選択），何を使って（交通手段選択），どのように（経路選択）移動しようかなどという意思決定を行っている．また時間と空間の制約を満たしながら，自分にとって最も満足度が高い選択肢を選んでいるといえる．このように個人の交通行動は合理的に選択された結果と仮定し，ミクロ経済学を基礎とする客観的，定量的に分析できる「ロジットモデル」など離散選択モデルが多く適用されている．

ここで，交通手段選択行動をロジットモデルで表現することを考える（詳細は文献 [3] を参照のこと）．ある地点間を移動する際に（代表）交通手段選択肢としてバスと自家用車があり，それぞれのサービス水準として所要時間と費用，快適性の情報をよく把握している状況とする．このとき，各個人の交通手段選択結果は，各交通手段の満足度（効用：U_m）がサービス水準をうまくパラメータで統合した確定項 (V_m) と，観測できなかったり個人間の好みのバラツキなど確率的な項 (e_m) の足し算で表現でき，最も満足度が大きい交通手段を選択している，としてモデル化（確定項内のパラメータ推定）

する。ロジットモデルでは確率的な項を工夫することで，ある個人のバスの選択確率は $P_{バス} = \exp(V_{バス})/(\exp(V_{バス}) + \exp(V_{自動車}))$ と簡単に算出され，サービス水準の変化に対する各個人の選択確率を集計し，交通需要予測する手順となる。具体的なパラメータ推定事例は後ほど紹介するが，普通の交通サービスは所要時間が早くて費用も安い選択肢は少なく，これらのバランスが良い交通手段が選択されており，パラメータ推定結果から平均的な利用者の判断基準を客観的に分析でき，交通施策の検討を行うことができる。また，交通手段選択だけでなく，目的地選択や経路選択などとも容易に統合することができ，移動に関する交通行動を首尾一貫したモデルで表現することもできる。

さてロジットモデルなどを利用すれば交通需要分析・予測手法としては完璧であろうか。当然ながらモデル構築の前提に限界があり，一般的に各交通手段や各経路に関して完全な情報を持つことは困難であり，また通勤手段などは習慣や会社のルールで選択していることもあり，現実的でないとの批判がある。さらに同じ選択肢集合に対しても説明方法（情報提供内容）が異なると選択結果が異なるような，いわゆるフレーミング効果もよく観測されており，心理学的なアプローチを導入したほうが説明能力が高いこともある。一方で交通需要予測結果は，公共性の高い判断の根拠となる場合も多く，利用者目線から構築され，平均的な交通行動を説明できることの貢献度は小さくはない。

5.3　函館市内の交通手段選択モデルの構築事例

函館市民を対象に実施した小規模で簡易な調査に基づく交通行動データを用いて，ロジットモデルで構築した交通手段選択行動の分析事例を簡単に紹介する。

函館市では 1999 年に PT 調査が実施されているが，その後に大規模な交通行動データは観測されておらず，SAVS の導入検討の基礎データとして，独自に携帯電話で交通行動データを把握した。被験者数は 20 名，期間は冬季 4 ヵ月（2012 年 12 月～2013 年 3 月）と夏季 4 ヵ月（2013 年 7 月～10 月）の計 8 ヵ月の長期間調査である。被験者に高齢者を含むこと，長期間調査であることから，被験者負担を軽減するため取得データは位置情報データ

5章　未来のモビリティデザインと需要分析・予測・設計手法

図 5.3 移動軌跡データ（20 名分の 8 ヵ月間の合計）

を基本とし，可能であれば活動予定（移動目的，利用交通手段）を移動前に入力してもらった．被験者数は少ないが，収集された移動軌跡データは図 5.3 のとおり多く，交通行動モデルの構築に十分なサンプル数となった．ただし，GPS 計測誤差の削除など点データから移動データの作成，また活動予定の入力精度は低く，移動目的や利用交通手段の特定は機械学習モデルを構築し，最終的には目視で確認するなど大きなコストを要した．

　先に説明したとおり，交通手段選択モデルを構築するには，実際に利用した交通手段だけでなく，利用しなかったが選択肢として認識されている他の交通手段についてもサービス水準（所要時間や費用など）を準備する必要がある．サービス水準の認識については個人や移動状況によって異なるが，都市全体のモデル構築時には第三者的視点からサービス水準を準備することが有効である．今回は利用可能な交通手段として ① 鉄道（市電含む），② バス，③ 自動車（自家用車），④ 徒歩・自転車の 4 種類とした．鉄道のサービ

5.3 函館市内の交通手段選択モデルの構築事例

ス水準は時刻表等から，時間帯別に駅間所要時間，平均待ち時間（= 1/運行頻度の半分），500 m ゾーン中心点から駅までのアクセス距離，運賃を作成した。バスのサービス水準は時刻表とバス会社から提供していただいた遅延実績データを用いて，時間帯別にバス停間所要時間，平均待ち時間，平均遅れ時間（天候別に遅延実績データから算出），アクセス距離，運賃を作成した。自動車，徒歩・自転車については，ゾーン中心間距離を平均時速（自動車：25 km/h，徒歩・自転車：5 km/h）で所要時間に変換している。自動車のサービス水準は混雑状況に応じて変化するが，今回は考慮できていない。

ロジットモデルを仮定した交通手段選択モデルにおいて，各交通手段の確定項内の説明変数は次のとおりであり，（最尤法で）推定されたパラメータは表 5.1 のとおりである。

$V_{鉄道} = \beta1 \times$ 所要時間 [分] $+ \beta2 \times$ 待ち時間 [分] $+ \beta5 \times$ 料金 [円]/距離 [km]
$\qquad + \beta6 \times$ アクセス距離 [100 m] $+ C_{鉄道}$[定数項]

$V_{バス} = \beta1 \times$ 所要時間 [分] $+ \beta2 \times$ 待ち時間 [分]
$\qquad + \beta3 \times (1.0 + \beta4 \times$ (降雪時ダミー変数)) $\times$ 遅延時間 [分]
$\qquad + \beta5 \times$ 料金 [円]/距離 [km] $+ \beta6 \times$ アクセス距離 [100 m]
$\qquad + C_{バス}$[定数項]

表 5.1 パラメータ推定結果

		推計値	t 値
定数項 1	[鉄道]	2.28	2.9
定数項 2	[バス]	2.62	2.9
定数項 3	[徒歩・自転車]	2.01	5.0
所要時間（分）	[全手段]	−0.137	−6.2
待ち時間（分）	[鉄道，バス]	−0.075	−1.8
遅れ時間（分）	[バス]	−0.139	−1.4
降雪時の遅れ時間（分）	[バス]	−0.273	−0.3
単位距離料金（円/m）	[鉄道，バス]	−4.88	−2.0
アクセス距離（100 m）	[鉄道，バス]	−0.057	−0.2
	サンプル数	196	
	尤度比	0.21	

$V_{自動車} = \beta1 \times 所要時間 [分]$

$V_{徒歩・自転車} = \beta1 \times 所要時間 [分] + C_{徒歩・自転車}[定数項]$

本結果は無作為標本抽出ではないため,厳密には推定された定数項は実際の交通手段分担状況に応じて補正する必要があるが,モデル適合度は妥当な結果である。推定されたパラメータは所要時間(分)や費用(単位距離料金:円/m)はマイナスとなり,これらの説明変数の値が増加することで満足度は低下すると一般的に考えられるため,符号条件は満たしている。また,降雪時の遅れ時間(分)とアクセス距離は t 値が小さく統計的にゼロではないと判断しづらい(説明変数として有効ではない)。さらに,パラメータの相対関係の妥当性として時間価値を算出すると,所要時間:28.1 円/分・km,待ち時間:15.4 円/分・km,遅れ時間:28.5 円/分・km となり,時給 800 円から算出される 13.3 円/分と比較しておおむね妥当な結果となっている。このように,交通行動モデルのパラメータ推定を行うことで,函館市における判断基準(時間価値など)を客観的に把握することができ,交通需要予測に活かすことができる。

実際に SAVS の導入評価を行うには,時間帯別の OD 交通量も予測する必要があり,これらに関しては函館 PT 調査データが古いため,道路区間の通過交通量や公共交通機関の乗降者数などの断面の観測交通量を利活用し,OD 交通量パターンを推計する手法 [5] の適用が候補としてある。

5.4 新たな交通サービスのデザインに向けて

道路新設や公共交通サービスの運賃変更など,交通サービス水準の改善はその影響力の大きさから頻繁に行われることはなく,交通需要分析・予測を通じて効率的な施策が比較検討されている。一方,既存の交通サービスの延長ではなく,SAVS のような新しい交通サービスに対しては利用意向をアンケート調査や社会実験を通じて把握し,マルチエージェント社会シミュレーション(MASS:4 章参照)などの交通需要予測モデルに組み込むことが有効である。特に仮想状況下でのサービスに対する利用意向データは「SP (Stated Preference) データ」と呼び,PT 調査データなど実際の交通行動データである「RP (Revealed Preference) データ」とは特性が異なるデータとしてモ

5.4 新たな交通サービスのデザインに向けて

デル化する．なぜなら SP データはどうしても信頼性が低くなり，以下のような傾向があると指摘されており [3]，交通需要分析・予測に大きな影響を及ぼすためである．

① 被験者が分析者の意図に合わせようとする「肯定（追従）バイアス」
② 利用時の制約をあまり考えないことによる「無制約バイアス」
③ 自己の行動の矛盾を正当化する「正当化バイアス」
④ 政策決定を自分に有利な方向へ導こうとする「政策操縦バイアス」

ここで，SAVS に関する社会実験時のアンケート調査による利用意向を紹介する．

2015 年に函館市内で学会参加者（ほとんどは地域外からの訪問者）に対して実施した無料体験乗車時の 200 名程度の事後アンケート調査では，当然ながら利用満足度は高く，タクシー初乗り 500 円/人で 7 割弱が利用意向を示した．また SAVS 利用額が自家用車保有費用と同程度であれば自家用車保有者の 3 割が自動車を手放すとの結果となった．

2018 年に名古屋市内居住者に対して SAVS を用いて実施した有料での相乗りタクシー実証実験では，回答者は 50 名程度と少ないが，相乗り時に最大 4 割引となる料金体系に対して 6 割以上が安くて，また利用したいと回答し，満足度は高い結果となった．さらに自家用車保有費用が 5〜7 万円/月と仮定した場合，相乗りタクシー利用の定額制料金として，1.5 万円/月と 3 万円/月がそれぞれ 3 割，5 万円/月が 6%，定額制ではなく利用ごとの支払いが 3 割となり，利用者の交通行動パターンに応じて利用意向が異なる可能性を確認した．

現在は利用者の SAVS のサービス内容の理解向上（受容性醸成）と一般的な利用意向の傾向の把握を目指して社会実験を継続しており，ある程度データが蓄積された時点で SAVS を組み込んだ交通手段選択モデルなど，交通需要分析・予測を行う予定であり，追って報告したい．

一方，交通サービスの新しい形態として，公共交通サービス水準を自家用車の自由度と同程度まで向上させるため，複数の交通事業者が連携し，ドア・ツー・ドアの経路検索・予約・決済を 1 つのアプリで行うなど，移動のサービス化を目指したシステム，MaaS（Mobility as a Service：マース）が注目さ

5章 未来のモビリティデザインと需要分析・予測・設計手法

れている（2章，3章参照）。これまでも乗継割引やパーク&ライドなどで特定の事業者間連携が多少はなされていたが，MaaSではさらに進んで，利用者の利便性をより優先して都市全体で事業者間連携を行い，定額制（サブスクリプション）でサービスを行うことが，望ましい公共交通サービスと考えられている。交通需要分析・予測の視点から考えると，移動（トリップ）単位で交通手段選択を行っているとの前提は成立しづらくなり（自家用車保有と同じ時間軸や月単位でMaaS利用を判断することになる），代表交通手段や経路によって異なる運賃の差異に対する感度もなくなり，大きな転換期にあるといえる。またMaaSアプリが普及すれば，これまで以上に交通行動データの収集もできるようになり，個々人の利用特性や好みはデータ分析で特定しやすくなり，オンデマンドで交通サービスを推薦・提供することで利用者満足度は維持できるようになる。従来の公共交通サービスと比較して，利用者への情報提供を通じたやり取り（フィードバック）が増え，利用意思（利用意向ではなくインテンション [6]）に応じた個別化したサービス提供に挑戦でき，その評価も把握できるようになる。交通行動は習慣化している部分も多いため，（行動経済学で言う選択アーキテクチャやナッジ [7] の文脈で）適切な選択肢を提供しながら誘導することが重要となるだろう。一方で個別利用意思が集結した交通サービスのネットワーク上ではやはり混雑が生じる可能性があり，交通需要分析・予測を通じて（ポイントなどで）制御し，最適な交通サービスを実現するマネジメントが必要となる。従来にも増して交通行動分析を通じて人間の理解を深化させ，客観的，定量的にデザインすることができる次世代型の交通需要分析・予測に取り組んでいくことが重要と考えている。

参考文献

[1] 国土交通省 全国都市交通特性調査
http://www.mlit.go.jp/toshi/tosiko/toshi_tosiko_tk_000033.html
[2] 国土交通省都市局都市計画課 都市計画調査室.「都市における人の動きとその変化 平成 27 年全国都市交通特性調査集計結果より」, pp.62–63.
[3] 北村隆一, 森川高行.『交通行動の分析とモデリング』, 技法堂出版, 2002.
[4] 土木学会土木計画学研究委員会.『非集計行動モデルの理論と実際』, 土木学会, 1995.
[5] 飯田恭敬.『交通計画のための新パラダイム：交通ネットワーク信頼性と OD 交通量逆推定』, 技術書院, 2008.
[6] ドク・サールズ.『インテンション・エコノミー』, 栗原 潔訳, 翔泳社, 2013.
[7] リチャード・セイラー, キャス・サンスティーン.『実践 行動経済学』, 遠藤真美訳, 日経 BP 社, 2009. 同書によれば, 人々は「選択者の自由意思にまったく（あるいはほとんど）影響を与えることなく, それでいて合理的な判断へと導くための制御あるいは提案の枠組み」のもとで行動しており, その枠組みを「選択アーキテクチャ」, またその枠組みに意識的に誘導する行動を「ナッジする」と呼んでいる.

6章

SAVS実証実験の全国展開と未来型AI公共交通への課題

松舘　渉

6.1　社会実装への参画

　2013年，私が取締役を務める株式会社アットウェアは，SAVS (Smart Access Vehicle Service) の社会実装のパートナー企業として連携協力することとなった。公立はこだて未来大学のスマートシティはこだてラボが，SAVSアプリの開発請負先を探しており，声をかけてもらったことがきっかけだった。

　ソフトウェア開発を事業とするアットウェアは，2004年に私と発起人3名を含む8名で横浜を拠点に旗揚げした。2008年には函館にサテライトオフィスを開設して事業を拡大，2013年当時は路線バスの利便性を高める試みとしてスマホ用バス案内アプリを無料配布するなど，函館の公共交通課題へ取り組んでいた最中であった。当初，大学側はアットウェアの技術力を試しつつ，アットウェアは逆に未来型AI公共交通システムなるものの正体を探りつつ，徐々に距離を縮めていった。

　函館でのSAVSの最初の実証実験を2013年に成功させてから，株式会社未来シェアを共同設立するまでの3年間は，SAVSの未来ビジョンが日本ではなかなか理解されず，その間にヨーロッパではMaaS (Mobility as a Service; 2章・3章参照) の波が，アメリカではUber，Lyftといった新たなライドシェアサービスの波が起きていた。こうしたモビリティ革命の潮流は，5年以上のタイムラグを経てようやく日本に上陸し，2017〜18年は日本におけるMaaS元年と言われた。3年前の関心の薄い状況がうそのように，メディアは海外動向の報道で加熱し，全国各地で次々と実証実験が取り組まれるようになった。その動向は本書の執筆中にも加速する一方である。我々

6章　SAVS実証実験の全国展開と未来型AI公共交通への課題

は，この波のまっただ中でSAVSの実証実験と実用化に全力を注ぐために，2016年7月，(株)未来シェアというベンチャーを立ち上げた．そのねらいどおり，現在は全国からの引合いを受けて，毎日どこかしらで実証実験を行っている状況である．

本章では，その中からいくつかの取組み事例を紹介するとともに，そこから得られた開発課題と，今後の未来型AI公共交通としてのSAVSの展望について述べる．

6.2 SAVS実証実験第1期（2013～15年）

6.2.1 函館市で世界初のAI公共交通運行実験に成功

SAVS実証実験は，2013年に函館でスタートした．当初は，バス会社や複数のタクシー会社を巻き込んでの，市街地全域での実証実験を思い描いていたが，様々な事情によりかなわず，タクシー会社1社から車両5台（普通車3台，ワゴン車2台）と運転手を借り上げて，五稜郭公園の北西側に位置する昭和エリア一帯および五稜郭公園，五稜郭タワー周辺を運行区域とするSAVS運行実験を行った（写真6.1, 6.2）．この初回実験の最大の目的は，それまで机上でのみ議論してきた「マルチデマンド方式」——すなわちエリア全域で同時（あるいは断続的に）発生する不特定多数のデマンドに対して，最適効率のライドシェアの組合せと乗降順を即座に見つけ出し，複数のSAVS車両を自動運行させ続ける——を成功させることだった．2章と4章で解説したマルチエージェント社会シミュレーションを用いたAI公共交通サービ

写真6.1　実証実験ロゴシールをつけて待機するSAVS車両

6.2 SAVS 実証実験第 1 期（2013〜15 年）

写真 6.2 運転手用アプリを搭載した車載タブレット端末

スの，世界初の実証実験である。

当日は，研究者と公立はこだて未来大学の学生スタッフらがタクシー会社の会議室に集まり，実験に参加する運転手と乗客をサポートしながら，デマンドと配車の様子をモニタリングした。最大の目的は，人手をまったく介さずに，すべてコンピュータによって SAVS を完全自動運行させることであった。机上のシミュレーションは様々に試みてきたが（詳細は 4 章，5 章参照），実際に乗客を動員して，公道を使って実施する完全自動運行実験は日本初——いや我々が知る限り世界初——の試みであった[1]。乗客には SAVS アプリをインストールしたスマートフォンを渡し，設定エリア内で任意の送迎場所を指定して SAVS 車両を呼び出しながら（例えば，函館蔦屋書店近くの中華料理店前の路上から，五稜郭公園側の函館中央図書館へといった具合に），頻繁に移動してもらった。途中システムの障害などの不具合もあったものの，おおむね実験は成功した。

2014 年の第 2 回実験では，車両を 16 台（普通車 12 台，ワゴン車 3 台，小型バス 1 台）と規模を拡大，第 1 回の反省点を活かしてシステムを改良し，サービス学会第 2 回国内大会の開催に合わせて実施した[2]。函館市の人口は，平成の合併を経た後の約 26 万人，毎年 1%以上の人口減少，全国でも最高水

---

[1] 1 章で言及したヘルシンキ地域交通局の Kutsuplus の実証実験とほぼ同時期の実施であるが，Kutsuplus は少なくとも当初は最寄りのバス停を送迎場所に指定する方式で，ドアツードアでの自動運行ではなかった。

[2] 函館での実験は，JST・RISTEX 戦略的創造研究推進事業 問題解決型サービス科学研究開発プログラムの採択事業「IT が可能にする新しい社会サービスのデザイン」（2011〜15 年度/研究代表：中島秀之）の予算により実施された。

6章　SAVS実証実験の全国展開と未来型 AI 公共交通への課題

（左）**写真 6.3**　タクシー会社の会議室に設営された実験本部
（右）**写真 6.4**　モニタリング画面に表示される全車両の状態

準のスピードで高齢化を続けている．その一方で，市街地への居住密集度が高く，そもそも街全体が他都市に比べてコンパクトにまとまっている特性がある．自家用車での通勤率が高いのはもちろんだが，徒歩や自転車での通勤者が多いことも函館市の特徴である．公共交通として函館バスが運営する路線バスと函館市が運営する路面電車がある．台数は減りつつあるものの，観光地ということもあってタクシー会社は多い．バスの遅れは常態化しており，冬の積雪時には 1 時間からひどいときには 2 時間以上遅れることも少なくない．1 日当りの利用者数は，自家用車 13 万人に対して，バス 1 万人，市電 7 千人程度（市電利用者の多くは観光客である）にとどまり，自動車依存と公共交通離れは，他の地方都市と同様に深刻である．第 1 回，第 2 回の実証実験を経験し，日本の地方都市の未来を象徴するこの街での実験の意義を改めて認識することができた．

第 3 回目の実証実験は 2015 年 5 月 30 日〜6 月 2 日の 4 日間，人工知能学会全国大会が函館市で開催されるのに合わせて，全国からの 1,000 名を超える来訪者を対象に実施された（写真 6.3, 6.4）．実験運行区域は，北は大会会場となる公立はこだて未来大学，東は函館空港，南は函館山麓の西部地区まで，約 12 km 四方の函館市中心部をほぼ網羅する範囲に設定，地元タクシー業社から借り上げた普通乗用車とワゴンを無料で配車する，おもてなし企画でもあった．

4 日間の会期中，SAVS は延べ 490 の乗車デマンドを完全自動制御し，最大時 30 台の SAVS 車両のマルチデマンド配車計算を完遂した．前半 2 日間

6.2 SAVS 実証実験第 1 期（2013〜15 年）

表 6.1　各日の実験実施状況

実験日	時間	車両数	乗車数	乗合い数
5 月 30 日	12:00〜19:30	20	76	2
5 月 31 日	12:00〜19:30	20	91	2
6 月 1 日	12:00〜19:30	30	161	13
6 月 2 日	11:00〜17:30	20	162	28
合計			490	45

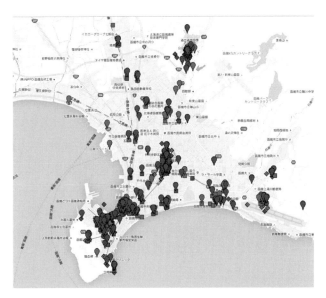

図 6.1　全デマンドを通じた SAVS 車両の乗降位置

は利用者，乗合い発生ともに少なかったが，後半 2 日間には利用者が倍増，乗合い発生数も増加した（表 6.1 参照）。

　SAVS 利用者の移動パターンを分析すると，① 函館空港から学会会場の公立はこだて未来大学への移動，② 学会終了後の会場から五稜郭公園へ，③ 五稜郭から函館駅前の朝市，ベイエリアの赤レンガ倉庫，函館山方面への移動，④ 函館山方面から宿泊先または空港への移動，といった動線が多数見られ，市街全域にわたるデマンドに対応することができた（図 6.1）。

6章　SAVS 実証実験の全国展開と未来型 AI 公共交通への課題

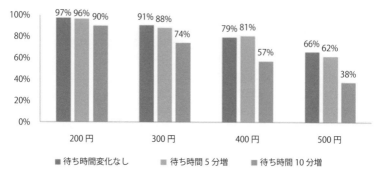

図 6.2 乗合いに伴う待ち時間と SAVS 利用料金選好の関係

　実験に協力したタクシー運転手の方々は，1日当り 20 人（1日のみ 30 人），毎日交替だったため，延べ 90 人にもなり，事前のガイダンスもひと苦労だった。スマートフォンやタブレットに触れること自体が初めてという高齢ドライバーも多いため，シンプルで直観的な操作性を目指し車載アプリの改良を重ねてきた結果，ほとんどの運転手が参加 1〜2 時間程度で，アプリの操作やシステムの指示に基づく運行を習得できた。これも成功の鍵の1つであった。

　実験の参加者にはアンケートも実施した。SAVS が公共交通として運行され，その利用コストが自家用車にかかるコストよりも低いとき，自家用車を手放すかどうかを聞いたところ，保有者の3割が手放すと答えた。また，利用料金の妥当性について，路線バス初乗り料金並みの 200 円からタクシー初乗り料金並みの 500 円までの間で意向を聞いたところ，図 6.2 のような結果となった。料金は安いに越したことはないので，200 円，300 円に回答者の意向が集中するのはいたしかたのないところである。しかし，待ち時間増もなくスムースなサービスを受けられた人と，待ち時間5分程度の増加が発生した人とでは，料金選好にそれほどの差が見られなかった。待ち時間が 10 分増加すると，タクシーのほうが良いと判断する人が増えて，300〜500 円を妥当とする人の数は漸減する。乗合い発生による待ち時間の変動が5分以内に収まれば，おおむね利用者の満足感を損ねることのない運行になるという，仮説的な目標値を得ることができた。

　この第3回の運行実験は，その後 SAVS の全国展開を進めるうえで，き

6.2 SAVS 実証実験第 1 期（2013〜15 年）

表 6.2　函館実験の実施概要

	実験期間	車両数	デマンド数	利用者数 (*1)	実験の主目的
2013	7 日間 (約 11 時間/日)	5 台 (小型 3/バン 2)	1 台 1 日当り 平均 35 件	38 名 (任意の被験者)	マルチデマンドに対応した完全自動運行システムの動作検証
2014	1 日間 (約 7 時間/日)	16 台	総実施数 58 件 (*2) (総要求数 107 件)	54 名 (サービス学会参加者)	一般乗客の利用によるユーザビリティ検証
2015	4 日間 (約 8 時間/日)	20 台 (3 日間) 30 台 (1 日間)	総実施数 490 件 (*2) (総要求数 772 件)	209 名 (人工知能学会参加者)	MASS (*3) 仮想配車計算による車両数―効率性予測の実運用での検証

(*1) ユニークユーザ数
(*2) 総要求数からキャンセル等を差し引いた数
(*3) MASS:マルチエージェント社会シミュレーション（4 章参照）

わめて貴重な経験となった。観光とコンベンションという，函館市の重要な経済振興策に SAVS を活用する実証実験の現場で，その実効性を実感した。我々が目指す未来型 AI 公共交通サービスの可能性に自信をもって，次の段階へ歩を進めることができた。

表 6.2 に，以上の 3 回にわたる函館実験の実施概要を示した。第 1 回は被験者バイトを乗客に見立てて，マルチデマンド＝すなわち多方向性を持った都市型需要を模擬的に生成させた環境下で，リアルタイム完全自動配車システムの動作検証を主目的に実験を行った。その結果，我々の「都市型 AI 公共交通サービス SAVS」は，この新しい交通モデルの実証実験に世界で初めて成功した。第 2 回では学会参加者限定ではあるが，一般客を対象とする運行実験を行い，SAVS のユーザビリティを検証し，一般客に対して問題なく対応できることを確認できた。第 3 回では，乗客数およびサービス提供エリアの規模を大きく拡大し，マルチエージェント社会シミュレーション (MASS) によって導き出された車両数―運行効率性の予測と，実運用の結果との照応を通じて実効性検証を行った。マルチエージェント計算と AI のアルゴリズムを活用する完全自動配車システムには，いわば完成形がない。実運用データを AI が学習し続け，マルチエージェント社会シミュレーションは社会の実態にみずから適応し，計算技術が進化し洗練されていく。第 3 回の実験では，この予測データと実運用データとの照応のサイクルについて検証することができた。

6章　SAVS 実証実験の全国展開と未来型 AI 公共交通への課題

6.3　SAVS 実証実験第 2 期（2016〜17 年）
6.3.1　東京都心部での過密デマンド乗合い実験

　人工知能学会全国大会での実験成果は広く知られることとなり，徐々に大手企業からの引合いが来るようになった．我々も実証実験と事業化の全国展開に備えてベンチャーの設立準備に取りかかり，2016 年 7 月には(株)未来シェアを設立した．これと前後して(株)NTT ドコモからの依頼があり，東京都心部でのデータ取得実験に共同で取り組むこととなる[3]．

　2016 年 12 月，東京臨海副都心エリアと，浅草・ソラマチエリアで，それぞれ運行実験が行われた．実験の目的は，高需要地域を想定した過密なマルチデマンドに対する SAVS 運行効率の実証である．7 人乗りバンを 10 台用意し，40 組の乗客モニターを集め，平日と休日の各 2 日間，計 4 日間の実験を行った．乗客には 1 時間に 1 回，無作為に移動した任意の場所から SAVS 車両を呼び出してもらうことで，意図的に配車要求（デマンド）が集中する状況を作り出した．その結果，1 台の車両に 5 組もの乗客が乗り合う状況も発生した．車載アプリの画面には次々と移動指示が舞い込み，どの車両も常に乗客を乗せた状態で，次々とデマンド送迎を繰り返す状況が見られた．延べ 1300 回の全デマンドに対して，一度も人手を介することなくマルチデマンド配車計算による自動運行を完遂した（図 6.3，写真 6.5）．

　この実験を通じて，デマンド交通は「高需要に対して高効率性を発揮する」という，研究者たちが思い描いてきた挑戦的な仮説（2 章，4 章を参照）を裏付ける結果を得ることができた．都市型 AI 公共交通の有効性を示すことができ，何よりも函館で生まれた SAVS が大都市圏において通用する姿を目の当りにし，関係者一同，感慨ぶかかった．

　NTT ドコモはこの結果を世の中にアピールすべく，のちに「AI 運行バス」[4]と称するプロモーション映像を作成（写真 6.6）し，SAVS の技術がメ

---

[3] 総務省 平成 28 年度情報通信技術の研究開発「IoT 共通基盤技術の確立・実証/多様な IoT サービスに活用可能な IoT データ形式共通化・正規化・抽出技術の確立」事業（委託先：NTT ドコモ）として実施された．https://www.nttdocomo.co.jp/info/news_release/notice/2016/10/20_00.html

[4] NTT ドコモの「AI 運行バス」は，同社のリアルタイム移動需要予測技術と未来シェアの SAVS の技術を組み合わせたモビリティサービスプラットフォーム．以降 2017 年 10 月には，九州大学伊都キャンパスで実験運行を開始（2018 年 12 月現在，運行実験継続中：https://twitter.com/qu_aibus）．2017 年 11 月 7 日〜12 月 24 日には，少子高齢化・オー

6.3 SAVS 実証実験第 2 期（2016〜17 年）

図 6.3 臨海副都心での運行実験における乗降位置

写真 6.5 浅草雷門付近で SAVS 車両に乗車してみる開発スタッフ

ディアを通じて広く紹介されることとなった。

ルドニュータウン化が進む神戸市筑紫が丘地区で，住民向けラストマイル交通運行実験を実施 (http://www.city.kobe.lg.jp/information/press/2017/11/img/20171107040801-1.pdf) している。2018 年の実験については，4.4 で紹介する。

6章　SAVS実証実験の全国展開と未来型AI公共交通への課題

写真 6.6　（上下とも）NTTドコモ「AI運行バス」プロモーションビデオ映像より

6.3.2　観光地での観光利用に特化した実験

　SAVSへの次の引合いは，観光業大手の(株)JTBからだった。観光の実態は，外国人観光客の急増と個人旅行への急速なシフトともに，ここ20年来大きく変化してきた。最近は中国人観光客の爆買いブームも一段落し，団体旅行が中心であったアジアからの観光客は個人旅行 (FIT: Foreign Independent Tour) へとシフトしている。アジア諸国の経済力向上，インターネットとSNSの発達，LCC（格安航空会社）や民泊の台頭が，日本を憧れの地から身近な旅行先へと変化させてきた。このブームを最大限に活用し，ただ観光客を増やすだけでなく，質の高いサービスにより地域の交流人口を増やすために，全国の自治体はこぞってインバウンド（外国人）観光客の誘致に力を入れている。

　その一方で，急激な観光客の流入に交通手段の提供が追いついていない。定型の観光パッケージに物足りない個人観光客は，旧来の観光を逸脱した行

6.3 SAVS 実証実験第 2 期（2016〜17 年）

図 6.4 　上諏訪の運行実験エリア

動を取るため，移動需要の予測が難しい．JR の基幹駅や空港からの一次交通と併せて，中心的な観光地以外の場所でも手軽な二次交通の提供が求められている．主要観光スポットの巡回バスを走らせる観光地も数多いが，定型的な観光スポットだけでは，観光客の移動需要を満足させられなくなっている．その解決策を先んじて構築し提案することが，観光業のビジネスチャンスをも広げることになる．

　JTB との最初の共同実験は，2017 年 3 月，長野県上諏訪エリアをフィールドに行われた．諏訪湖畔は，諏訪大社の上社と下社を観光の基点に，温泉街にホテル・旅館が立ち並ぶ．冬には御神渡りが湖面を切り裂き，夏にはリュックを背負った登山客や，蓼科エリアへのリゾート客の起点となる．数年に一度は人ごと山を駆け下る御柱を目当てに見物客が集う．徒歩で移動できる観光スポットは限られており，移動には JR，路線バス，タクシー，レンタカーを使う必要がある．諏訪湖の周囲は 6 市町村がぐるりと取り囲んでおり，行政区域を越えた連携によるスムーズな公共交通の整備が課題となっている．新しい移動手段を試行し，観光地としての魅力度向上の鍵を探ることが本実験の目的である．

　SAVS 運行実験は，上諏訪地域を中心に南北約 7 km × 東西約 7 km のエリアで実施した（図 6.4 参照）．SAVS 車両は普通車 8 台，ジャンボタクシー 1 台の計 9 台，現地の観光関係者を含む乗客モニター 20 組（40 名）が，丸一日を費やして実験に参加した．

乗客モニターとして，諏訪地域の DMO (Destination Management Organization)，市の観光課，観光組合の職員等にも体験参加してもらい，ご当地ならではの意見をあおいだ。例えば，諏訪地域で人気のある観光として，日本酒の酒蔵巡りがある。レンタカー利用では運転手役の人が日本酒を試飲できずに貧乏くじを引くが，SAVS なら全員が飲めるし，見知らぬ土地で駐車場を探しつつの移動というストレスからも解放される。レンタカーは観光の主要な移動手段の 1 つだが，ハイシーズンには渋滞の原因となるため，観光客にも地元住民にも歓迎されない移動手段となってしまう。路線バスは観光客にはわかりづらいうえに本数が少なく，最寄りの停留所から観光スポットへの距離が必ずしも近いわけではない。

諏訪での実験を通じて，タクシーよりも安価にドアツードア送迎を利用できる SAVS の観光地での可能性を改めて認識することができた。外国人観光客を対象にするなら，多言語対応のアプリがあればいい。次のクルーズ船寄港地でのインバウンド観光客向け実験で，その認識は確証へと変わることになる。

6.3.3　クルーズ客船寄港地でのインバウンド交通実験

JTB との共同実験は，次に鳥取県境港市でのクルーズ客船を対象とした乗客および乗組員向けの運行実験を行った。外国人観光客を対象とした初の実験である。中国運輸局の広域周遊ルート形成促進事業の取組みとして，山陰インバウンド機構の協力のもとに実施した。

クルーズ客船の人気は高く，最近では割安なツアーも増え，就航数も年々増加している。クルーズ船による外国人入国者数は，2013 年の年間 17 万 4 千人から 2016 年には 200 万人にまで急増している。客船寄港地のある各自治体は，観光産業活性化のチャンスと捉え，寄港誘致やインバウンド観光の充実に力を入れている。函館市も同様で，現在の寄港地よりも函館山周辺の人気観光エリアに近い場所に寄港できるよう，大型客船が接岸できる港を整備中である。

境港市は歴史ある水産業の町だが，故水木しげる氏の生誕地として，妖怪コンテンツを活用した水木しげるロードを観光の目玉として整備している。陸路・空路に加えて，海からのアクセスを整備し，来訪者を増やす方針であ

る。韓国やロシアとの間を行き来する定期フェリーも就航しており，外国船籍の客船寄港も増加傾向であるが，同時に多くの問題も顕在化している。

　クルーズ客船の多くは，早朝に入港し夕刻には次の寄港地へ向けて出発する。そのため寄港地での行動時間には限りがある。あらかじめパッケージツアーを選定して寄港地で待ち構えていた大型観光バスに乗り込むか，個人やグループで自由行動をするかのどちらかである。境港から片道 1.5 時間のエリアには，出雲，松江，鳥取など人気観光都市も点在しており，多くの乗船客は，いずれかの街へ大型バスで一直線に移動し，夕刻の出港間際に戻ってくる。つまりクルーズ船を誘致したものの，乗船客の多くは地域外へ流出し，境港の町中に落ちる経済効果は（港湾利用収入は別にして）期待ほどには伸びていない。市では，水木しげるロードまでのシャトルバスを用意しているが，年間を通しての乗船客の需要を把握することが困難なこともあり，十分な数のバスが用意できず，ときには客船のタラップからシャトルバス乗り場まで長蛇の列が延々と続き，あきらめてタクシーを求める乗客が後を絶たない。一方，タクシーにとっては，クルーズ船特需があることを知りつつも，コミュニケーションの不自由な外国人の短距離送迎を避ける傾向が見られる。これらの課題を解決する糸口を探すために，SAVS 運行実験が実施された。

　2017 年 9 月，1 回目としてイタリアのカジュアルクルーズ船「コスタ・ネオロマンチカ」の乗組員を対象に運行実験を行った。客船での仕事を終え下船してきた乗組員に通訳スタッフが声をかけ，英語版アプリをインストールしたスマートフォンを配布し利用方法を説明，次々と街へ送り込んだ（写真 6.7，6.8）。しかし，あいにく着港中も仕事を抱えて外出を控える乗組員が多く，利用者数は期待したほど伸びなかったものの，スマートフォンを返却しにきた利用者が見せる笑顔から，彼らの満足感をうかがうことができた。アンケートの回答には，「エクセレントなサービスだ」「地元の百円ショップやディスカウントストアを回り，家族への手土産を調達できた」といった声が寄せられた。

　2 回目は 10 月，乗組員に限定せず，一般乗船客へも対象を拡大して実施した。あらかじめ前寄港地へ出向いて実験を宣伝し利用者を増やすよう試みたが，残念ながら当日は早朝から暴風雨で，利用者は期待の半分程度にとどまった。しかしながら逆に，「このサービスがなければ悪天候下，終日下船するこ

6章　SAVS実証実験の全国展開と未来型 AI 公共交通への課題

写真 6.7　境港市のクルーズ客船寄港地

写真 6.8　クルーズ船の前に設営された実験本部

とはなかった」という利用客が多くみられた。なかには，SAVS 利用を前提に，観光ガイドにはない免税店を目指す計画を立てた方，アクセスは悪いが地元で人気の飲食店へ足を延ばす方などもおられ，SAVS の提供が，観光者の移動欲求の喚起につながっていることが実感できた。実験では，SAVS 車両として普通車 2 台，ジャンボタクシー 4 台を借り上げて運行し，2 日間で延べ 20 組 50 人程度の乗船客・乗組員が利用した。英語アプリの配布により，10 カ国以上の方々に利用していただくことができた（写真 6.9, 6.10）。

クルーズ客船での実験結果は，予想以上の手応えを感じさせるものだった。寄港地を起点とする SAVS は，インバウンド観光の自由度・柔軟性を高める理想的な二次交通となりうる。途中で道に迷ってもスマホの GPS 機能をオ

（左）**写真 6.9** 乗客に配布されるスマートフォンの英語版入力画面
（右）**写真 6.10** 車載タブレットの運行指示画面

ンにして SAVS 車両を呼ぶボタンを押すだけで，現在地を探知して直ちに迎えに来てくれる。待っている間にぶらぶらと散策していても，居場所を追って来る。初めての土地でも外国人観光客が安心に移動できる手段として有望である。また，誰も予想していなかったような観光行動を，観光客自身が創造するという可能性も，予感される実験であった。

6.4　SAVS 実証実験第 3 期（2018 年～）

6.4.1　名古屋相乗りタクシー実証実験

2018 年，国土交通省の呼びかけによる相乗りタクシー実証実験が行われた。前年のタクシー料金事前確定実験に続く一連の規制緩和政策の 1 つである。背景には海外で急速に伸びつつあるライドヘイリングサービスや配車アプリの台頭，タクシーの低額利用ニーズ，年々下降傾向にあるタクシー利用者数と売上げ，ドライバー不足と高齢化など様々な要因が鬱積しており，業界全体の問題として持続可能かつ健全なサービスへと変貌を遂げるべく努力が続けられている。

相乗りタクシー実験は東京（1/22～3/11），名古屋（2/19～3/12）で実施されたが，両都市におけるシステムや目的は大きく異なるものとなった。

東京では大和自動車交通グループと日本交通グループが中心となって実施,

6 章　SAVS 実証実験の全国展開と未来型 AI 公共交通への課題

　ユーザは専用のスマホアプリを使用して出発地と目的地を申告，同時間帯で同方面への相乗りタクシー利用者が現れるのを待ち，双方の同意確認を得たのちにタクシーを配車する[5]。実験に参加したタクシー会社が独自に開発したスマホアプリの利用を前提とし，料金は事前クレジットカード決済のため，タクシードライバーにとってはリスクもなく，乗客にとっては割安でタクシーを利用できる。同時間帯・同方面ということから，終電後の深夜帰宅や空港までの長距離移動を主な利用と想定し，スマホ世代の若年層のタクシー利用を促進することが狙いである。配車が確定した時点で割安料金が保証される一方，相乗り相手が現れるまで数十分以上待たされる，あるいは相手が現れずに時間切れ（もしくは待ちきれず客の側からキャンセル）で配車されないというケースの多発も予想された。

　もう一方の名古屋では，名古屋を中心に営業展開するつばめタクシーグループを中心に，NTT ドコモ，公立はこだて未来大学の協力により，SAVS を用いた実験を実施した。予約するとほぼ希望どおりに即時配車されるが，相乗りになるかどうかは（リアルタイムで予約受付しているため）降車する直前まで不明である。ユーザが増えれば増えるほど相乗り確率が上がる仕組みである（大量かつ高効率に相乗りが発生すれば，タクシーというよりは自由に呼べる小型の乗合バスに近いイメージとなる）。料金は事前に相乗りとなった場合とならなかった場合の 2 パターンを示し，降車時にどちらかを徴収するルールとした。利用目的を日常のくらしの足と想定し，病院やスーパー，住宅街の点在する名古屋市東部約 12 km 四方を乗降エリアと定め，8:30〜16:30 の日中における時間帯での運行実験を行った。車両は 1 日当り 30 台，通常のタクシー営業の合間（空車時）の車両を利用し，SAVS による完全自動運行の送迎を行った。基本はスマホアプリからの操作による自動運行であるが，高齢者の利用も想定して電話呼出しも受け付けた。

　東京実験では，約 50 日間に 5,036 名の利用希望者に対して実際の利用者は 494 名，相乗り配車確定率は約 1 割程度だったという。また深夜帰宅の場合は特に女性客が相乗りを嫌がったことがアンケートからわかっている[6]。

[5) 同時間帯・同方向を前提とする相乗りであることから，「この指止まれ方式」とたとえられた。
[6) http://www.mlit.go.jp/report/press/jidosha03_hh_000288.html

SAVSによる名古屋実験では，実施期間が22日間と短かったこととやはり事前の宣伝不足もあって利用者は300名程度にとどまった．乗客のトリップ総数のうち相乗り配車確定率は41％程度と，リアルタイムにデマンドを受け付けて相乗りを発生させるために東京より確定率は高いものの，期待よりは低い数字にとどまった．SAVSの「マルチデマンド配車計算」の本領は，前述したように同時多発する多数の利用者を対象に高効率に相乗りを発生させる状況下で発揮されるが，そのような状況が十分に生成されなかった．

　アンケート結果を見ると，当初の想定とは少し異なってビジネス利用者が多く，「名古屋駅を範囲に含んで欲しい」「深夜まで運行してほしい」等の意見が寄せられた．相乗りによる料金の安さ，事前に料金が確定することへの安心感などが好評であった．一方，迎車時の車両の見つけにくさや，見知らぬ客との相乗りへの不安の声も多かった．乗合用のミニバンやマイクロバスの車内空間の設計，遠くからでもすぐに見つけることのできる存在感のある外観など，新たな公共交通サービスに適した車両のデザインが今後重要になることが示唆された．

6.4.2　介助付き乗合タクシー実験：愛知県長久手市

　大都市圏での実験の一方で，2018年には中小規模の自治体から行政区域全域を対象とするようなSAVS実験の依頼も増えてきた．少子高齢化が進む全国地方都市では，決まった停留所を1日何便か回るだけの既存の公共交通では，多くの住民の移動を満足させることもできず，また高齢者を中心に増える移動困難者に対応しきれず，もはや限界に来ている．実験目的は，移動困難者を対象とする特定目的交通から，既存の路線バスをすべてSAVSに置き換えるという公共交通の大胆な改革まで，様々なものがある．

　2018年9月初旬から10月末にかけての約2ヵ月間，愛知県長久手市でSAVSによる乗合タクシーの実証実験をつばめタクシーグループとともに実施した．名古屋に隣接したベッドタウンとして人気の街で，若者や子育て世代を中心に人口は増加中，21.5平方キロメートル内に6万人弱の人口を抱えるコンパクトにまとまった都市である（図6.5）．公共交通は街を東西に貫く鉄道（リニモ）と路線バス，行政負担のコミュニティバスも運行されている．高齢化率（平成29年度：16.2％）は全国トップクラスの低さであるものの，

6章　SAVS 実証実験の全国展開と未来型 AI 公共交通への課題

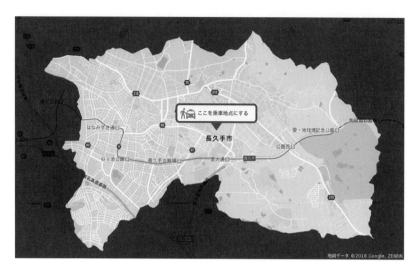

図 6.5　実験エリアとなった長久手市全域図

年々上昇傾向にある。

　このように，若さの目立つ街でありながら，福祉，高齢者への手当は充実しており，65 歳以上の高齢者，もしくは 12 歳以上で障がいをお持ちの方へ「赤あったかぁど」という名のパスを発行し，各種施設の割引，コミュニティバス（通称：N-バス）の運賃無料などのサービスを提供している。しかしながら，実情はバスを有効に利用できていない世帯も多い。利用しない理由をアンケートで聞いたところ，バス停まで歩くのが面倒，バス停で待つのが苦痛，行き先がニーズに合わない，便数が少ないなどの意見ばかりだった。

　そこで，自家用車を持たない移動困難者を救うための新たな交通として，「赤あったかぁど」保有者向けのドアツードアの定額乗合タクシー（通称：N-タク）の運行実験を実施することとなった。エリアは長久手市内全域，料金は移動距離に関係なく 1 乗車につき 1 人 500 円である。長久手市福祉長寿課から事業委託を受けた，あんしんネットあいち（つばめタクシーグループ）が車両 3 台（ワゴン 2 台，普通 1 台）を用意し，平日 8:45〜16:15 の時間帯で運行した（写真 6.11，図 6.6）。車両の 1 台はトヨタ製の次世代高級タクシー

6.4 SAVS 実証実験第 3 期（2018 年〜）

写真 6.11 実験用の車両例

JPN TAXI（ジャパンタクシー）[7]を用意し，車椅子のままの移動もサポートした。高齢者・障がい者向けの運行ということもあり，タクシーコールセンターで電話申込みを受け付け，スタッフによる SAVS への代理登録を行った。

初日の実験開始直後，早々に電話をしてきた利用者の「この日を待ってました」という言葉や，実験終了後も予約の電話が止まないコールセンターからは，このサービスへの期待の高さをうかがい知ることができた。500 円という料金設定が高いとの意見は少なく，ちょうど良いかむしろ安いという反応が見られた。お迎えに上がったドライバーが，ドアベルを鳴らし乗車を介助するまでのサービスを行うのだから，当り前といえば当り前の反応ではある。

開始直後には低迷した利用者数は，広報誌や折込チラシ，DM などによる周知により徐々に増加，さらに増加が期待されるなかで 2 ヵ月間の実証実験は終了した。市内での移動分布，時間帯，料金，サービスへの満足度など，有料で実施したからこその貴重な生の声とデータを収集することができた。こうしたデータをもとにすれば，時間帯や台数，料金，エリアの見直しなど，次のステップへ向けたよりいっそう洗練されたサービスを計画することがで

---

[7] トヨタ車として，初めて国土交通省が定める「ユニバーサルデザインタクシー」の設定要件を満たした車種に認定された。2017 年 10 月発売開始。https://toyota.jp/jpntaxi/

6章　SAVS 実証実験の全国展開と未来型 AI 公共交通への課題

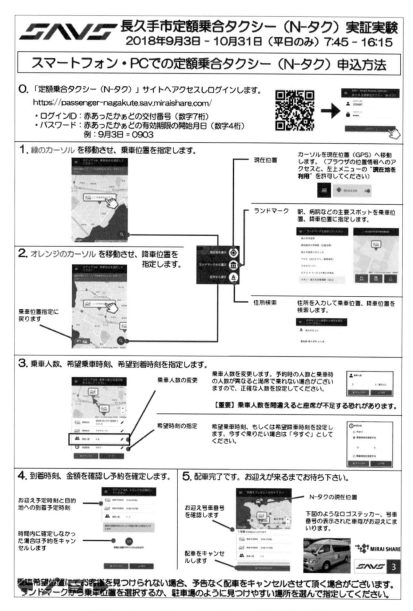

図 **6.6**　スマートフォン・PC での利用方法ガイド

6.4 SAVS 実証実験第 3 期（2018 年〜）

きる。

　高齢者・障がい者向けの特定目的運行とはいえ，市の全域を網羅する有料実験——実験と称しつつも恒常的な実運用サービスと何ら遜色ない運行であった——を 2 ヵ月間という長期にわたって実施できたことで，SAVS は日本の社会に受け入れられる，という実感を得ることができた。近年，高齢者の過失による自動車事故が相次ぎ，免許返納の促進がクローズアップされているなかで，自動車に代わる公共交通の整備が急務になっている。電車や路線バスでは網羅しきれない地域ではタクシーに期待が寄せられるが，料金の高さだけではなく，ドライバー不足と高齢化も深刻である。長久手市の実験ではそうした社会的課題をひしひしと実感しながら，限りある車両とドライバーを最大限に有効活用する次世代公共交通の一端を試せたのではないかと思う。

6.4.3　要支援・要介護者の送迎サービス実験：群馬県太田市

　「移動弱者をゼロに」という取組みは各自治体の政策を超え，官邸が主導する未来投資戦略に盛り込まれる国の基本方針となっている。では「移動弱者」「移動困難者」とはどのような方々を指すのだろうか？　この問いに真正面に向き合う取組みとして，2018 年 11 月，群馬県太田市で株式会社エムダブルエス日高が運営する集合型デイケア施設，太田デイトレセンターの利用者を対象としたオンデマンド送迎実験を開始した。

　エムダブルエス日高は，高崎市，太田市をはじめ群馬県内を中心にデイケア施設を展開している。約 3,800 名の利用者を抱えるがそのほとんどは杖，歩行器具，車椅子が手放せない要支援・要介護認定を受けた高齢者である。現況では，12 施設で 178 台の送迎車両を持ち，介護資格を持ったドライバーの丁寧な介助のもとで日々の送迎を行っている。実験対象となった太田デイトレセンターに限っても，約 750 名の利用者を抱える日本最大級の施設であり，日々 200〜300 名の通所者を 38 台の車両で送迎している。車両の内訳は，ゲート車両（車椅子昇降リフト付き車両）12 台，ジャンボ車両 5 台，その他中型・小型車両 21 台と，駐車場に勢ぞろいした光景は圧巻である（写真 6.12, 6.13）。

　エムダブルエス日高では，以前から IT や AI を活用したサービスを積極的に導入している。施設利用者が実施したトレーニングやリハビリテーション

6章　SAVS実証実験の全国展開と未来型AI公共交通への課題

写真 6.12　エムダブルエス日高 太田デイトレセンターの保有車両

写真 6.13　ゲート車両

の記録と，要支援・要介護レベルの変化をビッグデータとして分析して，利用者個人にふさわしいメニューをAIが提案するシステムを独自に開発し導入している。通所者の自宅住所を基に送迎ルートを決定するシステムも独自に開発し，年々増え続ける利用者のスムーズな送迎に役立てている。

　この「送迎ルート計算システム」と38台の送迎車両を活用し，SAVSと

組み合わせることにより，通所以外のちょっとしたお出かけにも提供しよう，というのがエムダブルエス日高の考える新たな「福祉ムーバー」というサービスである。38台のいずれかの送迎車両が少し寄り道して，薬を取りに薬局に，銀行へお金を引き出しに，スーパーへ買い物にと，ちょっとした生活交通に使っていただこうという考えだ。導入にあたっては，毎日の多忙な業務のなか，ドライバーや職員には9月から2ヵ月間SAVSの利用訓練に付き合っていただき，11月からの実証実験開始に臨んだ。利用者には，画面を4タッチする程度の簡単な操作で配車予約が完了する簡単アプリを提供し，かつデイトレセンター内で定期的に開催するスマホ教室で操作方法を教えて，利用を促した（同施設ではスマホもリハビリ道具の1つと捉えて，利用を推奨している）。移動手段の充実と要介護度の推移にどのような関連が見い出せるのか，データの蓄積と傾向分析結果を待ちたい。

6.4.4　NEDO—AI運行バス実験：横浜みなとみらい21・関内地区

6.3.1でも述べたように，未来シェアはNTTドコモが展開する「AI運行バス」にSAVSの技術を提供し，共同で運行実験を進めてきている。AI運行バスは路線も時刻表も持たないデマンドバスで，乗降ポイントとなる仮想バス停を街中に設置し，デマンドに応じてバス停間を最適なルートで行き来する。2016年東京都心部での実験以降，会津若松市，沖縄県与那国島，福岡市，鹿児島県肝付町等，多数の地域で運行実験が行われ，データ収集と分析，実運用化への検討が進められてきた。

2018年10月5日〜12月10日，国立研究開発法人新エネルギー・産業技術総合開発機構(NEDO)の研究プロジェクトとしての委託を受け，横浜みなとみらい21・関内地区において大規模な運行実験[8]を行った（図6.7，写真6.14）。

この実験は，SAVSのさらなる高度化と事業化を視野に，未来シェア，産

---

[8] 実験は，未来シェア，産業技術総合研究所，NTTドコモの3者が，新エネルギー・産業技術総合開発機構(NEDO)からの委託を受けた研究開発事業「人工知能技術を用いた便利・快適で効率的なオンデマンド乗合型交通の実現」の実証実験として取り組まれた。この3者と，横浜市，NEDOの5者が実施主体となり，地区の商業施設，複合ビル，ホテル，公共施設，交通ターミナル等と神奈川県タクシー協会横浜支部および10社のタクシー会社の協力のもとで行われた。公式サイト：https://yokohama.ai-bus.jp/index.html

6章　SAVS 実証実験の全国展開と未来型 AI 公共交通への課題

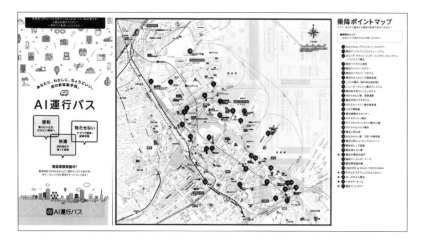

図 6.7　横浜 MaaS「AI 運行バス」パンフレット

写真 6.14　実験用車両の一部と駅などに配置された利用案内モニター

業技術総合研究所，NTT ドコモの 3 社で NEDO へ応募した，移動需要の振れ幅が激しい地域での ① データの収集と分析（NTT ドコモ），② 変動需要に応じたシミュレーション（産総研），③ 変動需要への配車アルゴリズムの適合（未来シェア）を目指すためのデータ収集を目的としたものである。AI 運行バスアプリには全 31 ヵ所の乗降ポイントを設置し，毎日 10 時から 21

時までを10台のタクシー（後に15台まで増車）で無料送迎を行った。車両呼出しはスマホの他，乗降ポイントに設置された街角端末でも行うことができるようにした。店舗や施設の紹介のみならずクーポンの配布も組み合わせ，交通と集客ビジネスの融合を図る試みも行われた。データの分析は今後に託されるが，このような実験を通してのデータと知見が次のサービスへと応用されていく。

6.4.5　その他の実証実験，今後の計画

これまでに実施してきた実証実験の一部を紹介したが，2018年にはほかにもいくつかの都市で実施した。

前年に続く山陰インバウンド機構，JTBとの鳥取県境港市での実験では，募集型旅行商品として料金を徴収しての時間内乗り放題の乗合タクシーを運行し満足度を調査した。島根県浜田市でも，初のクルーズ客船のインバウンド観光客向けの二次交通として，SAVS運用を試行した。

長野県伊那市では，2018年11月に中山間地域におけるドローンを使った物流，自動運転バスの運行に合わせ，結節地点までの移動をSAVSを使って連結させるデモンストレーションを行った。1日だけのデモだが，目的は2019年以降の伊那市との共同実験計画のアピールであった。それに先立つ11月16日には，伊那市長も同席しての共同記者会見を行い，多くのメディアで取り上げられた。東西に南アルプスと中央アルプスが聳え，諏訪湖を起点に南流する天竜川沿いに発展した狭隘なこのエリアは，文字どおりの中山間地域が点在している。高齢化と交通手段の減衰による集落の孤立化を防ぐため，最新技術の活用は切実な問題であり，SAVSによるモビリティの維持に期待が寄せられている。

2018年12月には，群馬県前橋市でNTTドコモと共同して，既存のデマンドバスをAI運行バスへ置き換える実証実験を開始した。前橋市とは2018年初頭から交通課題解決研究に関する協定を結んでおり，パーソントリップ調査データ，タクシー配車データを使ったSAVS導入によるシミュレーションを通して，市全体の公共交通の利便性向上へ取り組んでいる。

2019年1月には，東急電鉄グループと共同で，横浜市青葉区美しが丘（たまプラーザ駅周辺）でのデマンドバス走行の実証実験が，熊本県荒尾市では

6章　SAVS実証実験の全国展開と未来型AI公共交通への課題

三井物産，自治体，タクシー会社共催による地域住民向けのデマンド乗合タクシーの実証実験が始まっているほか，様々な地域での運行計画が，様々な組織との連携により進行中である．

6.5　課題と将来展望

　以上数々の事例を紹介してきたが，これら実験計画を実施に移すまでの準備や苦労は並大抵ではなかった．実験期間とエリアや動員規模が大きくなるほど諸方面との調整事が増える．実施許可が降りるまで半年かかった例もある．多数のタクシー業者が参入する地域での運行はどの会社に任せるのか，運賃無料で実験をすると他のタクシー会社，バス会社の収入へ影響し迷惑をかけるのではないか，運賃を徴収するのであればどのような法律の下に運行するのか．そもそも地域の住民は賛成なのか反対なのか．行政，警察，運輸局の許可は得ているのか．観光課や港湾局は？　船舶会社，訪問スポットとなる施設の理解は？　特に運賃が発生する実験には大きな壁が幾重にも立ちはだかったが，理解者，協力者とともに1つずつ乗り越えることができた．

　ふりかえってみると，当初は数日間しか実施できなかった運行実験が，いまや数ヵ月間の実験運行が当り前のように実施できるようになった．乗車料金を徴収しながらの実運用に近い実験も行っている．公共性がきわめて高い交通改革は，産や学のみで取り組むには限界があり，本格的な取組みにするには自治体の協力が不可欠である．最近ではSAVSへの高い理解と期待のもとで，トップダウンで諸団体を調整して実験に臨もうとする自治体も増えてきた．既存の交通手段の限界を理解し，事業者目線ではなく利用者目線での移動という観点から，公共交通のあり方を根本的に再検討する動きも活発になってきた．2013年に取組みを始めた実証実験のこつこつとした積み重ねと，並行して取り組んできた研究開発の成果が，5年の歳月を経た今，大きく実を結ぼうとしている．

6.5.1　SAVSが変えるモビリティデザイン

　6.4.3の群馬県太田市での事例から推測されるように，交通空白地帯と呼ばれる過疎化が進行した街でも，福祉施設・介護施設・病院等が出す専用送迎車両は日々休みなく走行している．車椅子のまま乗降できる車両は，要支

援・要介護認定者のくらしの足として貴重な交通手段になりうる。高齢者向けのドアツードアのデマンド送迎においても，追求すべき移動の効率化，開拓すべきサービスは山ほどある。例えば，車椅子座席と通常座席の適切な混合配置，利用客に対して必要な介助人の配置，多種多様な車両の適材適所な配車，朝夕の各施設への送迎だけでなく，ちょっとしたお出かけ送迎など付加サービスの複合化――MaaS ブームの中ではあまり話題にならない福祉交通だが，高齢化率を考えれば，その公共交通としてのサービスの進化――はもっと注目されるべきだ（図 6.8, 図 6.9）。移動困難者，要支援・要介護認定者への移動サービスの可能性を追求し，進化させておくことで，災害時の避難にも効力が期待される。自力での避難が困難な方の情報，移動すべき避難場所の情報，移動支援ができる方の情報をあらかじめデータ化しておけば，突発的な災害や大型台風接近時に SAVS が稼働可能な車両の配車計算を自動で行い，救援指示を送ることができる。災害渋滞を軽減し，安否や避難完了の確認にも役立てることができるだろう。

　SAVS は，人の行動を変えることも確認済みである。路線バスをデマンド運行に置き換えた実験では，人の流れに明らかな行動変容が読み取れた。高齢者向けの生活路線の場合，定時定路線運行では需要のピークが午前中の通院時間帯に集中する傾向があるが，マルチデマンド運行では，昼食のための外出，夕刻の買い物の外出の利用が増え，また福利施設への移動需要も増えた。公共交通が柔軟性を持つことで，高齢住民の活発な外出が促されることが確認できた。移動サービスの改革によって，健康的な生活の維持，地域経済の活性化が促進する可能性を示唆している。そのほか，乗合いで隣り合わせた人とのコミュニケーションが楽しいとの意見も寄せられた。この傾向は観光地においても同様で，閉じられた車内空間での別の観光客との会話が，互いの周遊意欲を刺激し，旅の思い出に華を添える効果も生み出している（写真 6.15）。

　ビジネス街での実験では，利用客が駅へ直行せず，近隣商業施設へ寄り道する傾向が見られた。デマンド交通の効率性が，時間的余裕に加えて心理的な余裕を与えたのではないかと推測できる。交通の利便性向上は，単に利用者数，利用回数，所要時間などの効率性の改善にとどまらず，利用者に日々の満員電車や渋滞ストレスからの解放，生活のゆとりと健康的な行動をもた

6章　SAVS 実証実験の全国展開と未来型 AI 公共交通への課題

図 6.8　福祉デマンド交通 乗客用アプリ：画面遷移例

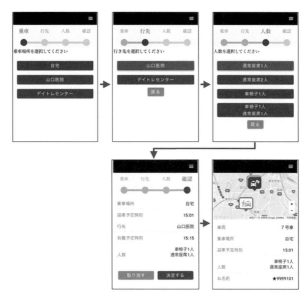

図 6.9　かんたん操作版：画面遷移例

110

6.5 課題と将来展望

写真 6.15 インバウンド観光客向け実験車内の様子

らし，結果的にそれが経済や社会全体の調和を生み出す原動力となりうる．

現在進んでいる，時短化，週休3日制の導入，自宅勤務の拡大などの働き方改革は，これまでにないライフスタイル，ワークスタイルのための新しい移動需要を生み出すことになる．新しいワークスタイルに対応する移動サービスは，物理的なロケーション間の距離を埋めるITサービスとの連携を強め，そのサービスインフラの進化が，さらなる利用を誘発する．

分散型シェアオフィス，コワーキングスペースが首都圏を中心に急速に増え，都市を越え，海を越えたグローバルなビジネス拠点へと発展しつつある．各拠点におけるモビリティサービスとの連動は，営業，商談，交渉などフェイス トゥ フェイスによる経済活動を加速させる一方，好きな街で好きなときに仕事ができる多種多様なライフスタイルの選択さえ可能とする．

地方都市では，企業誘致，IJU ターン移住，さらには CCRC（Continuing Care Retirement Community；長期的ケアの整った高齢者コミュニティ）などの政策を掲げ，地方創生を目指している．そうした政策は，すべてモビリティとセットで考える必要がある．モビリティの変革は，人々の日常生活に利便性をもたらし，地方の経済を世界に直結させるうえで，最も大切な政策課題として取り組むべきであろう．

6.5.2　社会実装における UI/UX の課題と可能性

　SAVS がデジタルリテラシーの高い限られたユーザだけでなく, あらゆる公衆に受け入れられ, 積極的に利用してもらうためには, やはり人に優しい操作性, ヒューマンインタフェースが必要となる。最後に, これまで実証実験において, UI/UX (User Interface/User Experience) について特に考慮した点について触れておく。

　実証実験において最も試行錯誤した UI/UX は, SAVS による運行計画をドライバーに忠実に実現してもらうための, ドライバー向けアプリケーションである。ドライバー向けには Android タブレットを利用し, アプリケーション開発を行ってきた (図 6.10)。実験に参加したドライバーの IT リテラシーには, 大きな格差がある。どんなドライバーでも指示を正しく理解することができて, かつ安全性の面からもできるだけ時間をかけずに直感的に理解できることが必要だ。運転席でハンドルを握りつつ操作する状況では, 反応の良すぎる操作性は逆に事故につながる恐れもある。実証実験を繰り返す中でドライバーの体験 (UX) を確認し, あらゆるドライバーに受け入れられる UI を設計・開発し, また次の実証実験で UX を確かめるという, アジャイルな改善を続けてきた。

　現在は, 車両に関係なくモバイルのタブレット端末を使用しているが, 近い将来, インターネットに常時接続した端末としてのクルマ＝コネクティッドカー (connected car) が導入されれば, UI/UX は車両そのものの設計とも連動しながら進化を遂げることになる。SAVS のようなマルチデマンド交通, 都市型 AI 公共交通に適したコネクティッドカーの出現により, ドライバーがより運転に集中できる UI/UX が実現されるだろう。

　一方, 乗客向けの UI/UX については, 対話型 AI の高度化がこれまでと異なるアプローチでの利便性を生み出すであろうと期待している。スピーカーに話しかける, あるいは携帯電話で AI と会話しつつ配車予約ができれば高齢者の利用促進につながる。AR（Augmented Reality：拡張現実）技術を使ったり, ウェアラブル（身体装着型）デバイスと組み合わせたりすることで, 雑踏の中でもドライバーがピンポイントで乗客を見つけることができ, ビルの合間で待つ乗客が車両の接近を透視しているかのように把握すること

6.5 課題と将来展望

図 6.10 ドライバー用アプリ画面例

も可能になるだろう。

さらに自動運転が普及した未来には，クルマの運転は乗馬のような贅沢な娯楽となるのかもしれない。クルマはコネクティッドカーから AI カーへと進化し，人間がクルマと会話する世界は SF 映画ではなく，遠くない将来に訪れる現実となるだろう。SAVS は，そうした未来を可能にするプラットフォームとなる。そのうえでどのようなサービスが普及していくのか——将来を見据えて，今，ここにはまだないアイディアを構想し取り組むのに，決して早すぎることはない。

7章

SAVS実証実験の舞台裏
——マルチデマンド配車計算の実装

落合 純一

7.1 デマンドの前提条件

　SAVSにおける配車計算は，利用者の移動需要（デマンド）ごとに，適切な乗合い車両（以降，SAVS車両と呼ぶ）を割り当てることである。SAVSは，「いつでも」「どこでも」「誰でも」利用できる乗合交通サービスを目指していることから，利用者からするとタクシーと同様の感覚でSAVS車両を呼ぶことができる。そのため我々はSAVSの実証実験にあたり，タクシーの呼出し方に準じた表7.1の3つのデマンドタイプに対応することで，様々な乗客のニーズを満たせると考えた。第1のタイプが，呼び出した時刻を起点になるべく早く指定場所へ配車する「リアルタイムデマンド」。第2があらかじめ乗車希望時刻を指定し，指定時刻以降のなるべく早い時刻に指定場所へ配車する「乗車時刻指定デマンド」。第3があらかじめ降車希望時刻を指定し，その時刻以前のなるべく近い時刻に指定場所で降車できるよう逆算して，乗車指定場所に向かう「降車時刻指定デマンド」である。これまで我々の実証実験（一部実運用）では，基本的にこれら3つのデマンドへ対応したSAVSアプリを用意し，乗客は自身のスマートフォンで実験に参加する。

　SAVSの場合，従来の多くのデマンドバスのように「前日までに予約」「出発30分前までに連絡」といった予約締切のあるものとは異なる。「5分後に乗車したい」「15分後に到着したい」といった，リアルタイムに近いデマンドを延々と処理し続け，かつこれらのデマンドを次々とマッチングさせて「乗合い」を自動構成する。

7章　SAVS 実証実験の舞台裏

表 7.1　SAVS 実証実験での標準的なデマンドタイプ

デマンドタイプ	即時 / 予約	時刻指定	内容
リアルタイム	即時	現在	現在時刻からなるべく早く乗車希望
乗車時刻指定	予約	乗車	指定時刻以降のなるべく近い時刻で乗車希望
降車時刻指定	予約	降車	指定時刻以前のなるべく近い時刻で降車希望

　ここでは，SAVS の実証実験あるいは実運用において，その背後でどのような配車計算が行われているのかを解説する。説明を単純化するために，リアルタイムデマンドのみが運用されていると仮定する。

　図 7.1 のようなごく単純な乗合いデマンドの発生を想定しよう。乗客 A さんが自宅に帰るためのデマンドを送信する (a)。次に，A さんのデマンドが配車計算され，SAVS 車両 1 号車 (SAV1) にデマンドが割り当てられる (b)。その後，1 号車が A さんを迎えに行っている途中で，別の乗客 B さんがデパートに買い物に行くためのデマンドを送信する (c)。さて問題は，B さんのデマンドが発生したことで，SAVS 車両はどのようなルート変更を行うかである。1 号車がルート変更して A さんと B さんの乗合いデマンドに応じるのか，あるいは別の 2 号車 (SAV2) に B さんのデマンドが割り当てられるのか——。コンピュータがどのような計算と判断に基づいて，適切な配車を行っているのかについて述べる。

7.2　巡回セールスマン問題とその難しさ

　SAVS における配車問題について述べる前に，より単純な「巡回セールスマン問題」を説明する。巡回セールスマン問題を言葉で説明すると下記のようになる。

「**セールスマンがすべての目的地を 1 回ずつ巡る巡回路の中で，移動距離が最短となるものを求めなさい**」

　ここで，説明を簡単にするために出発地が固定されているとする。例えば，

7.2 巡回セールスマン問題とその難しさ

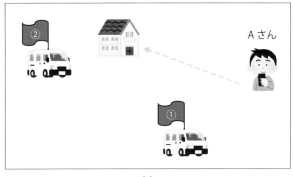

(a)

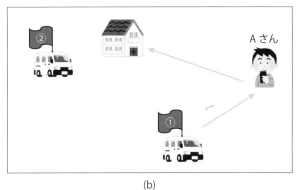

(b)

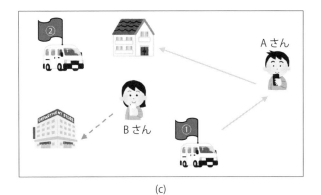

(c)

図 7.1 SAVS の乗合いデマンドの例

7章　SAVS 実証実験の舞台裏

日常の買い物として，ドラッグストアと八百屋で買い物の予定があるとき，どのように巡ると移動距離が短いだろうか．出発地を自宅とすると，下記の2通りの巡回路が存在する．

- 自宅→ドラッグストア→八百屋→自宅
- 自宅→八百屋→ドラッグストア→自宅

目的地に肉屋が増えた場合，巡回路は下記の6通りとなる．

- 自宅→ドラッグストア→八百屋→肉屋→自宅
- 自宅→ドラッグストア→肉屋→八百屋→自宅
- 自宅→八百屋→ドラッグストア→肉屋→自宅
- 自宅→八百屋→肉屋→ドラッグストア→自宅
- 自宅→肉屋→ドラッグストア→八百屋→自宅
- 自宅→肉屋→八百屋→ドラッグストア→自宅

このくらいであれば，すべての巡回路を比較して最短なものを選べばよいだろう．では，自宅を出発し，47都道府県庁を訪問する日本一周旅行の場合はどうだろう．

　出発地が固定で目的地の数が n である巡回セールスマン問題において，存在するすべての巡回路の数は $n \times (n-1) \times (n-2) \times \cdots \times 1 = n!$ となる．これらの巡回路に対して総移動距離を計算し，その結果から総移動距離が最小となる巡回路を見つけることを考えてみる．1つの巡回路の総移動距離を計算するためには $(n+1)$ 回の移動距離の加算が生じ，総移動距離が最小の巡回路を見つけるためには $(n!-1)$ 回の巡回路の比較を行う必要がある．よって，目的地の数が n である巡回セールスマン問題において，移動距離の加算と総移動距離の比較による演算回数は $n! \times (n+1) + (n!-1) = (n+1)! + n! - 1$ となる．目的地の数 n が増えるに従って，巡回路数と演算回数がどのようになるのかを示したものが表7.2である．

　仮に筆者がこの演算を行う場合，目的地の数が4つで投げ出したくなる．このような単純作業こそコンピュータの出番である．

　2018年6月におけるスーパーコンピュータの世界ランキング1位は「Summit」であり，性能として 1.22×10^{17} FLOPS という数値を出している．

7.2 巡回セールスマン問題とその難しさ

表 7.2　目的地数による演算回数

目的地の数 n	巡回路数	演算回数
1	1	2
2	2	7
3	6	29
4	24	143
5	120	839
6	720	5,759
7	5,040	45,359

FLOPSは，1秒当りに実行できる浮動小数点演算の数を表す単位である。さて，贅沢にもスーパーコンピュータSummitを利用して巡回セールスマン問題に挑戦できるとき，目的地数はいくつまで増やせるだろう。おおまかに計算時間を試算するために，表7.2の演算回数とFLOPSの浮動小数点演算回数を対応づけると，目的地数に対して表7.3の計算時間が必要であることがわかる。

比較のために例をあげると，宇宙の年齢が 1.38×10^{10} 歳といわれている。つまり，世界最高峰のスーパーコンピュータを用いても，目的地の数がたったの31で宇宙の年齢以上の計算時間が必要になってしまう。47都道府県庁を巡る日本一周旅行の最適なルートは計算できないのであろうか。

表 7.3　目的地数による計算時間

目的地の数 n	計算時間	目的地の数 n	計算時間
20	7分	26	2.93×10^3 年
21	3時間	27	8.19×10^4 年
22	3日	28	2.37×10^6 年
23	61日	29	7.11×10^7 年
24	4年	30	2.20×10^9 年
25	109年	31	7.04×10^{10} 年

7.3 組合せ最適化問題とアルゴリズム

複数の変数 $(x_1, x_2, \ldots, x_n)$ に対して，各変数のとりうる値が離散値であり，関数 $f(x_1, x_2, \ldots, x_n)$ により値 y が計算できるとする．このとき，制約条件と呼ばれる決まりごとを満たす変数値の組合せの中で，y が最小または最大となるものを求める問題を「組合せ最適化問題」という．ここで，関数 f を目的関数，目的関数により計算される値 y を目的関数値，y が最小または最大となる変数値の組合せを最適解という．これまでに述べた巡回セールスマン問題は，有名な組合せ最適化問題の 1 つである．1 番目の訪問先を x_1，2 番目の訪問先を x_2，n 番目の訪問先を x_n と変数を割り当てるとする．ドラッグストアの ID を 1，八百屋の ID を 2 のように，目的地同士で競合しない整数を用いて目的地を表現すると，各変数のとりうる値は離散値となる．例えば，$(x_1, x_2, \ldots) = (1, 2, \ldots)$ と表現されていれば，自宅→ドラッグストア→八百屋→ $\cdots$ →自宅という巡回路を意味していることになる．制約条件としては，「最後の目的地の後に出発地に戻る」，「すべての目的地に 1 回だけ訪問する」を考慮してきた．巡回セールスマン問題は，目的関数値が総移動距離であり，目的関数値を最小化する最小化問題ということになる．

組合せ最適化問題を解くための処理の流れの総称を「最適化アルゴリズム」という．最適化アルゴリズムは，求めることができる解の種類により，「厳密解法」，「精度保証がある近似解法」，「精度保証がない近似解法」に分類されている．厳密解法とは，処理を最後まで実行した場合，必ず最適解を発見できる最適化アルゴリズムである．巡回セールスマン問題に対して，これまで述べてきたすべての巡回路を比較する方法は明らかに厳密解法であり，「列挙法」や「全探索アルゴリズム」と呼ばれている．このほかに，無駄な比較を省く処理を入れることで，計算速度を向上させるアルゴリズムもある．表 7.3 にあるように，全探索アルゴリズムで目的地数 31 の巡回セールスマン問題を解こうとすると，宇宙の年齢以上の計算時間が必要である．しかし，2006 年には目的地の数が 85,900 の巡回セールスマン問題の最適解が求まっている．このような無駄を省いた厳密解法を用いることで，目的地の数が 47 である日本一周旅行の最適解は，現実的な時間で求めることができる．精度保証がある近似解法とは，「求めた解の目的関数値」÷「最適解の目的関数値」から

計算する近似比について，最悪ケースではいくつになるか証明されている最適化アルゴリズムである．巡回セールスマン問題の場合，近似比が 2 である「2-近似アルゴリズム」が有名である．

処理を工夫している厳密解法や精度保証がある近似解法で最適化問題を解く場合，最適化問題を明確に数式で表現する必要があり，アルゴリズムの設計も含めて高度な数学知識が必要となる．一方，精度保証がない近似解法は，アルゴリズムに高度な数学的知識を必要とするものは少なく，「メタヒューリスティクス」，「確率的アルゴリズム」，「発見的解法」などと呼ばれている．最適化問題の解と目的関数を表現できれば，最適化問題を定式化せずともアルゴリズムを設計できて，何かしらの解を求めることができることがメリットである．しかし，「精度保証がない」という名前のとおり，どのくらい良い解または悪い解が求まるのか，アルゴリズムを実行するまでわからないことがデメリットである．得られる解の精度がわからないと，現実問題では怖くて使えないと思われるかもしれないが，アルゴリズムを適切に調整することで最適解に近い解を求めることができ，現実の様々な場面で活躍している．

7.4 SAVS の配車問題

SAVS は，様々な場所に散らばっている SAVS 車両の状況を常に把握しており，利用者がある場所からある場所に移動したいというデマンドを送信した場合，瞬時に乗合いを考慮して適切な SAVS 車両 (SAV1, SAV2, ⋯) を配車する．ここで，図 7.1 (b) で示している状況を図 7.2 のように表してみる．

図 7.2 は左から右に順に要素を並べたものであり，「乗車_A」が A さんの乗車位置，「降車_A」が A さんの降車位置，「SAV_1」〜「降車_A」が SAV1 号車のルート，SAV2 号車はデマンドが割り当てられていないため「SAV_2」とだけ表されている．次に，図 7.1 (c) のように B さんがデマンドを送信したならば，「SAV_1」，「SAV_2」，「乗車_A」，「降車_A」，「乗車_B」，「降車_B」の 6 つの要素を最も効率的に並べることになる．これは，巡回セールスマン

| SAV_1 | 乗車_A | 降車_A | SAV_2 |

図 7.2 図 7.1 (b) の SAV のルートの表現

問題と同じく組合せ最適化問題の一種であり,「Dial-a-Ride 問題」と呼ばれている。

先ほど,B さんがデマンドを送信した後,6 つの要素を最も効率的に並べると述べたが,並べ方の効率さの度合いを測るものが目的関数となる。巡回セールスマン問題のように移動距離を考えるのであれば,図 7.2 の例では,「SAV1 号車から A さんの乗車位置までの距離」と「A さんの乗車位置から A さんの降車位置までの距離」の和が目的関数値となる。従来の多くの研究では移動距離を目的関数としていることが多い。車両の移動距離を目的関数とした場合,低燃費な配車になる傾向があるだろう。しかし,実サービスを考えるのであれば,利用者目線での目的関数も重要である。SAVS では,車両の移動距離の他に,「利用者の車両待ち時間」と「利用者の迂回時間」を目的関数に考慮している。利用者の車両待ち時間は,利用者がデマンドを送信してから車両が乗車位置まで来るのに要する時間である。利用者の迂回時間は,利用者が車両に乗ってから降りるまでに乗合いのために遠回りした時間である。効率的な配車とは,車両の移動距離,利用者の車両待ち時間,利用者の迂回時間のそれぞれがなるべく小さいものであると考え,車両にとって低燃費で,かつ利用者がなるべく早く移動できる手段を SAVS は提供している。

目的関数値が最も小さい配車結果を求めたとしても,それが現実的でなければ意味がない。つまり,組合せ最適化問題の制約条件として,現実的な配車を定義しなければならない。最も基本的な制約条件として,1 つのデマンドから派生する「乗車」要素と「降車」要素に関するものがある。

図 7.2 のように,A さんのデマンドが車両に割り当てられるときには「乗車_A」と「降車_A」の 2 つの要素に分割される。仮に「乗車_A」が SAVS 車両 1 号車に,「降車_A」が 2 号車に割り当てられると,現実にはありえない変なことになっている。A さんは 1 号車に乗って,1 号車の車内から 2 号車の車内に瞬間移動し,2 号車から降車しなければならなくなる。また,利用者は必ず SAVS 車両に乗ってから SAVS 車両から降りるので,A さんのデマンドから派生した「乗車_A」と「降車_A」は,「乗車_A」の後ろに「降車_A」がくることになる。よって,次の 2 つの制約を考慮する必要があることがわかる。

7.4 SAVS の配車問題

- 制約 (1)：同じデマンドから派生した「乗車」と「降車」は，同じ車両に割り当てられなければならない．
- 制約 (2)：同じデマンドから派生した「乗車」と「降車」は，「乗車」より後ろに「降車」が割り当てられなければならない．

前掲の図 7.1 で述べた状況において，B さんが送信したデマンドの影響で，A さんがどのような影響を受けるか考えてみる．B さんの配車結果の可能性の一部を示したものが図 7.3 である．

図 7.3 (a) と図 7.3 (b) は，B さんのデマンドが A さんのデマンドに影響を与えない例である．図 7.3 (a) では，B さんのデマンドは SAV2 に割り当てられたため，SAV1 に割り当てられている A さんのデマンドは B さんのデマンドによる直接の影響を受けない．図 7.3 (b) では，B さんのデマンドが SAV1 に割り当てられているが，A さんを降ろした後に B さんを乗せるため，B さんのデマンドが A さんに影響を与えることはない．一方，図 7.3 (c)，図 7.3 (d)，図 7.3 (e) は，B さんのデマンドが A さんのデマンドに影響を与えている例である．図 7.3 (c) では，A さんのデマンドが SAV2 に変更され，SAV1 には新たに B さんのデマンドが割り当てられている．図 7.3 (d) と図 7.3 (e) では，A さんと B さんは乗り合っていることが表されている．

SAVS の利用者は，デマンドを送信すると，システムから配車情報（車両情報，予定乗車時刻，予定降車時刻）を受信する．「7.1 デマンドの前提条件」の節で述べた図 7.1 の A さんは，図 7.1 (a) のデマンドの送信後，図 7.1 (b) のような「1 号車が」「～時頃に迎えに行き」「～時頃に目的地に到着予定」という内容の配車情報を受け取ることになる．その後，図 7.1 (c) の B さんのデマンドのように，A さんが車両に乗る前に発生したデマンドにより，A さんの配車内容が変更されたとき，内容によっては A さんに配車情報を訂正して送り直さなければならない．まず，図 7.3 (c) のように，A さんにとって最初に通知された車両が変更された場合は，必ず配車情報を再送することになる．1 号車だと伝えられていたのに，2 号車が迎えに来たのでは A さんは乗るべきかどうかわからない．次に，予定乗車時刻や予定降車時刻がずれる場合はどうだろう．図 7.3 (d) の例では，A さんが乗った後に B さんが乗るため，B さんの影響で A さんの予定乗車時刻がずれることはない．しかし，

7章　SAVS 実証実験の舞台裏

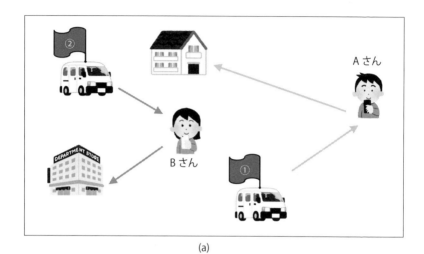

(a)

(b)

図 7.3　図 7.1 (c) のデマンドの配車例

124

7.4 SAVSの配車問題

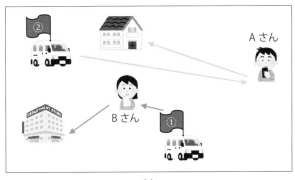

(c)

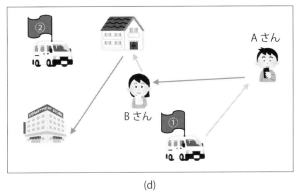

(d)

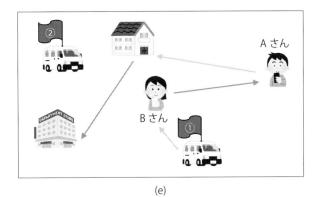

(e)

図 7.3 図 7.1 (c) のデマンドの配車例

Aさんが降りる前にBさんを迎えに行っているため，Aさんの予定降車時刻は遅くなりそうである。同様に，図7.3 (e) の例では，Aさんを迎えに行く前にBさんを迎えに行っているため，Aさんの予定乗車時刻と予定降車時刻の両方が遅くなるだろう。例えば，後からデマンドを送信したBさんのせいで，Aさんの予定乗車時刻が1時間遅れたら，いくら全体で見て効率的だと言われても，Aさんは納得しないのではないだろうか。最初に通知された予定乗車時刻や予定降車時刻に対して，人々がどのくらいまでの遅延なら許容できるかは状況によって異なるだろう。よって，予定乗車時刻の許容遅延時間，予定降車時刻の許容遅延時間というパラメータを導入し，下記の制約条件を考慮している。

- 制約 (3)：過去に配車されたデマンドについては，許容遅延時間を超えて予定乗車時刻を更新しない。
- 制約 (4)：過去に配車されたデマンドについては，許容遅延時間を超えて予定降車時刻を更新しない。

7.5 SAVSの配車アルゴリズム

　SAVSの配車問題は，巡回セールスマン問題に似た「組合せ最適化問題」であり，アルゴリズムを工夫しないと最適解を求めることは難しい。加えて，時々刻々と送信されてくるデマンドに対して即時に応答しなければならないため，1秒未満で配車結果を求めたいところである。これまでにSAVSの配車問題として制約 (1) から制約 (4) を述べてきた。これらの制約条件は実サービスとして満たすべきものであり，満たしていない問題の解は配車候補となりえない。つまり，制約条件を設定することで，比較すべき配車候補を削減することができる。

　繰返しになるが，SAVSの利用者はデマンドを送信した後，配車結果として「〜号車が」「〜時頃に迎えに行き」「〜時頃に目的地に到着予定」という情報を受け取る。その後，新規にデマンドが発生した影響で車両が変更になった場合，そのたびに利用者に車両が変わりましたと通知しなければならない。利用者にとって，頻繁に通知が来るのはうっとおしいだろうと考え，下記の制約 (5) を設定した。

7.5 SAVS の配車アルゴリズム

- 制約 (5)：過去に配車されたデマンドについては車両を変更しない。

制約 (5) により，過去に配車されたデマンドは車両が変更されないのであれば，過去に配車されたデマンドは，その配車された車両ルートの順序関係しか変更の余地がない。しかし，すでに決定している車両ルートの順序関係を変更するということは，利用者の予定乗車時刻や予定降車時刻が変更されやすくなるということである。利用者に通知した予定乗車時刻や予定降車時刻から，実際の乗車時刻や降車時刻が大きくずれてしまうと，サービスが信頼されなくなってしまうだろう。よって，下記の制約 (6) を設定することで，予定乗車時刻や予定降車時刻が大きく変更されそうな配車候補は除外することとした。

- 制約 (6)：過去に配車されたデマンドによる車両ルートの順序関係は変更しない。

制約 (5) と制約 (6) により，過去に配車されたデマンドは固定され，新規デマンドを割り当てる車両と，その車両ルートのみを考えればよいことになる。図 7.1 (c) のケースを例にすると，下記の 7 通りのみを比較すればよい。

①	SAV_1	乗車_B	降車_B	乗車_A	降車_A	SAV_2
②	SAV_1	乗車_B	乗車_A	降車_B	降車_A	SAV_2
③	SAV_1	乗車_B	乗車_A	降車_A	降車_B	SAV_2
④	SAV_1	乗車_A	乗車_B	降車_B	降車_A	SAV_2
⑤	SAV_1	乗車_A	乗車_B	降車_A	降車_B	SAV_2
⑥	SAV_1	乗車_A	降車_A	乗車_B	降車_B	SAV_2
⑦	SAV_1	乗車_A	降車_A	SAV_2	乗車_B	降車_B

このように，制約 (5) と制約 (6) を取り入れることで，アルゴリズムを工夫するまでもなく，単純に全通りを比較することが現実的な計算時間でできるようになる。もちろん，これにはデメリットもある。例えば，制約 (6) は過去のデマンドに関する車両ルートの順序関係を固定しているため，図 7.4 のようなケースでは疑問が残る配車結果が得られる。

7章　SAVS 実証実験の舞台裏

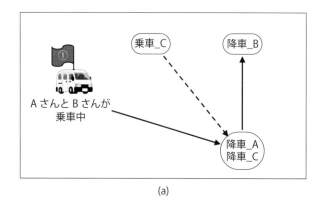

(a)

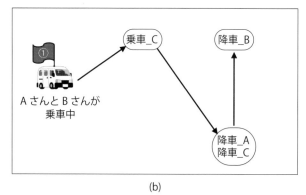

(b)

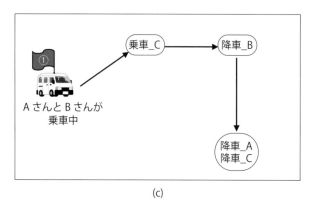

(c)

図 7.4 制約 (6) のデメリットの例

図 7.4 (a) は，SAV1 が A さんを降ろして B さんを降ろすという予定のところに，C さんがデマンドを送信した状況を表している．このとき，最も効率的な配車として図 7.4 (b) が得られたとする．つまり，C さんの降車場所は A さんの降車場所と同じなので，少し寄り道をして C さんを乗せてしまったほうが良いという判断である．しかし，制約 (6) がなければ A さんを降ろして B さんを降ろすという順番を逆にできるため，図 7.4 (c) の配車も候補となりうる．制約条件を設定して配車候補を削減しているため，より効率的かもしれない配車を候補から外してしまっている可能性は十分あるのである．

7.6 社会実装に向けて

本章では，SAVS の配車問題がどのようなものであり，システムがどのように配車計算を行っているのかについて述べた．ただし，ここで述べた内容は全体のうちのごく一部であり，例えば下記についての詳細は述べていない．

- 表 7.1 で示したリアルタイムデマンド，乗車時刻指定デマンド，降車時刻指定デマンドが混在している中での配車計算
- 車両の総移動距離，利用者の車両待ち時間，利用者の迂回時間を同時に最小化する方法
- 配車計算で考慮すべき地域ごとの特性
- デマンドを蓄積して一括計算するバッチ型配車計算

これらの技術やノウハウは(株)未来シェアの強みであり，地道に研究・開発・実証実験を重ねてきた賜物である．2018 年に入り，数ヵ月という継続的な実証実験とデータ分析が行えるようになってきた．SAVS の社会実装の先にある，より快適な移動が実現している未来に向けて，今後も改善を進めていく．

テクニカルノート

自動運転で走るSAVSの世界

鈴木 恵二

● 自動運転への期待

　自動運転の技術は，1995年にカーネギーメロン大学(CMU)の金出武雄グループが，ピッツバーグからサンディエゴまでのアメリカ横断において，全走距離の98.2％を自動運転で達成したことから本格化したと言ってよいであろう。近年になって，カメラ，ミリ波レーダー，レーザーレンジファインダーといったドライバーの目の代わりとなるセンシング機能の発展，コストダウンが進み，特に日本においては2020年の東京オリンピック開催での実現を1つの目標として，開発競争が続いている。

　一口に自動運転と言っても，運転手への軽微なアシストを行うものから，完全に運転手を必要としない自律走行レベルまで，表t.1のようなレベル分けがSAEインターナショナル（モビリティ専門家を会員とする米国の非営利団体；SAEはSociety of Automotive Engineerの略）により定義されている。またここで注意を要するのは，自動運転技術の評価は，表t.1のような達成基準だけではなく，さらに図t.1に示した「限定領域」（ODD：Operational Design Domain；運行設計領域とも言う）という，レベル別に設定された運行条件との組合せで議論されることが必要となる。

● 公共交通への自動運転の導入

　自動運転の発展により，物流および移動サービスの高度化がこれまで以上に進展すると期待されている。物流，ここではトラック輸送においては，近

テクニカルノート

表 t.1 SAE International による自動運転レベルの定義 [1]

レベル	概要	安全運転に関わる監視,対応主体
運転者が一部又は全ての動的運転タスクを実行		
レベル0 運転自動化なし	・運転者が全ての動的運転タスクを実行	運転者
レベル1 運転支援	・システムが縦方向又は横方向のいずれかの車両運動制御のサブタスクを限定領域において実行	運転者
レベル2 部分運転自動化	・システムが縦方向及び横方向両方の車両運動制御のサブタスクを限定領域において実行	運転者
自動運転システムが(作動時は)全ての動的運転タスクを実行		
レベル3 条件付運転自動化	・システムが全ての動的運転タスクを限定領域において実行 ・作業継続が困難な場合は,システムの介入要求等に適切に応答	システム (作業継続が困難な場合は運転者)
レベル4 高度運転自動化	・システムが全ての動的運転タスク及び作動継続が困難な場合への応答を限定領域において実行	システム
レベル5 完全運転自動化	・システムが全ての動的運転タスク及び作動継続が困難な場合への応答を無制限に(すなわち,限定領域ではない)実行	システム

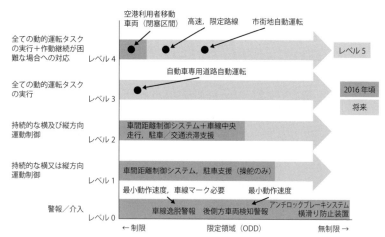

図 t.1 SAE International による各自動運転レベルに対する限定領域 [1]

年ドライバー不足に加え,1台のトラック当りの積載量が減少傾向となっており,輸送効率が低下している。こうした課題に対して,自動運転トラックを活用した輸送サービスに期待が高まっている。そして,もう1つの期待が人々を運ぶモビリティサービス=公共交通への活用である。

公共交通への自転運転技術の導入に関しては，バスへの適用が先行しており，レベル4相当の公道実験が羽田空港近隣で行われている。バスの場合，ユーザの乗降をバス停という形で明示できるとともに，他の一般車両もバス停近辺では駐停車が禁止されているというルールもあって，現状の実運用ではタクシーよりも実現上のハードルが低い。これに対して，タクシーのように乗降場所が任意に指定できるデマンド交通の場合，乗降地点の近くに法規制上の問題がない場所を見つけて，安全面でも目視等の確認をしながら，「適切な場所」に停止させることが必要となる。このような判断までを含めた自動運転となると，ぐっとハードルが高くなる。今のところ公道実験では，乗降場所をある程度指定して走行しているようであるが，ユーザが立っている場所の車道側に他の車両が多数駐停車している場合など，適切な場所を自律的に発見するための方法論が必要となる。

● 自動運転で走るSAVSへの期待と課題

本書でSAVS (Smart Access Vehicle Service) を理解していただいた読者には，SAVSと自動運転の連携は相性が良さそうだと察していただけるであろう。現状でのSAVSの運行は，人間の運転手に車載アプリを渡し，システムが自動決定した乗合いの組合せや運行ルートなどが画面上に出され，運転手はシステムの指示に従って巡回する。そのドライバーアプリに代えて，自動運転の制御システムと直接やりとりすることにより，最適経路を通過しながら次々と乗合いユーザの乗降をこなしていってくれると期待される。

一方ここで問題となるのは，車両とユーザのランデブー問題と呼ばれる，ユーザ位置の発見とその近くへの適切な停車も課題となることはもちろんであるが，乗降を繰り返すユーザの管理を（半）自動的にどのように行うかという点もまた課題となる。すなわち，乗車予約を行ったユーザであるかの認証を行うことや，複数人からなるユーザすべてが，正しく乗り降りを完了したのかを判断し，車両の再発進を安全に行うことが必要となる。普段，ドライバーがユーザの乗降管理に関して何気なく対応していることを，ユーザが受け入れられる形で，自動化を進めることが必要となる。自動運転技術そのものの発展とともに，こうしたユーザ管理技術の開発と社会実装を通じての信頼性向上が今後の課題となっている。

テクニカルノート

参考文献

[1] SAE International. Taxonomy and Definitions for Terms Related to Driving Automation Systems for On-Road Motor Vehicle (J3016). 2016.
[2] 高度情報通信ネットワーク社会推進戦略本部・官民データ活用推進戦略会議.「官民 ITS 構想・ロードマップ 2018」平成 30 年 6 月, 首相官邸. http://www.kantei.go.jp/jp/singi/it2/kettei/pdf/20180615/siryou9.pdf

8章

地域公共交通の現実と モビリティ革命への障壁

岩村 龍一

8.1 SAVSとの出会い

　地方の零細タクシー屋の親父が，AI研究の先頭に立つ研究者の方々に混じり，株式会社未来シェアの立ち上げに携わったことは，誠に幸運であり，心より感謝をしているが，実は私自身が驚いているところでもある。

　SAVS (Smart Access Vehicle Service) との出会いは，唐突であった。かねてより，創業時の夢として「月極定額地域限定乗合タクシー」の構想を持ち，いつかは実現したいと誰かれとなくつかまえては夢を語っていたのであるが，あるとき，やはり交通関係の研究に取り組んでいる東京大学大学院生の藤垣洋平さんから，「岩村さんの夢の実現のために，ぜひ紹介したい方たちがいる」と聞かされ，SAVS推進者の方々——つまりこの本の共著者の方々に引き合わせていただいたのがきっかけであった。

　SAVSのシステムは，まさに私が思い描いていた未来の公共交通の姿を示しており，夢がいよいよ近づいたという感動を覚えた。しかしながら，SAVSを世に出すためのベンチャーに誘われたときは，私がどうかかわれるのか想像がつかず躊躇した。皆さんと議論するなかで，地方の交通改革に挑戦する一事業者としての経験をもとに最善を尽くすということが私へのミッションであると自覚し，誘いを受けることにした。

　今回の執筆にあたっても，並いる研究者やITの専門家にはさまれ，どう原稿を起こせばよいのか悩んだが，これまでの経験を踏まえて私にしかできない話をすることで，SAVSの取組みが，なぜ世の中に必要なのかを示した

8章　地域公共交通の現実とモビリティ革命への障壁

いと考えた。本書を手に取った方の期待にそぐわないような地方都市のローカル事情からの発信だが，それこそが日本の公共交通の根底にある共通課題を掘り起こすことだと信じるものである。

8.2　コミュニティタクシー創業への思い

8.2.1　地域に感謝される仕事で飯を食いたい

株式会社コミュニティタクシーは，名古屋市の北東約 35 km に位置する岐阜県多治見市に本社を置く旅客運送事業者で，タクシー，バス，それぞれ 20 台余りを保有する。社員数 80 名，そのうち約半数がパート社員という典型的な中小企業である。平成 14 年のタクシー業の規制緩和を受けて，翌年の平成 15 年に産声を上げた。もともとタクシー事業をやろうと思っていたわけではなく，地域の課題を解決する「コミュニティビジネス」の具現化が，創業の動機である。

私は大学を卒業後，サラリーマン生活を経て 26 歳で父から家業を受継いだ。家業は，陶磁器の主要産地である土地柄を受け，耐火煉瓦の原料となる粘土を採掘販売していた。しかし，時代の流れは新たな山林開発を許さず，時を同じくして輸入原料が格安で入って来たために，もはや廃業寸前の状態であった。なんとか活路を見い出そうと始めたのが，同じく地場産業の主力製品であるモザイクタイルの運送である。中古の 4 トントラック 1 台からのスタートであったが，運よく業績は伸び，6 年ほどのうちに法人化を果たした。ところが，経営の何たるかを学びもしない世間知らずの若造が，私利私欲のみで行なう経営の真似事は，当然のことながら長続きしなかった。

バブル崩壊後，会社を取巻く経営環境は著しく変化していたが，何も手を打てないままに，荷主企業の廃業・倒産が相次ぎ，気づいたときには八方ふさがりの状態となっていた。ただ悶々とする日々が続き，世の中のすべての人から後ろ指を指されているような気になり，責任の取り方について思い悩むようになった。できもしないくせに，2 億円の生命保険に加入し，これで決着をつけてやるという馬鹿なことを考えたこともあった。そんな中，私は友人のひとことで救われた。後ろ向きの言葉を投げやりに言う私に向かって，彼はこう言った。「人間生きるってさ，志の問題じゃないか？」。「志」という漢字一文字が私の胸に突き刺さった。志が何たるかなど知る由もなかったが，

とにかく何かを始めなければいけない，そんな気になったのである．

　拙いながらも経営の勉強を始めた．本を読み，セミナーに参加し，人に会い，情報を集めた．当初は経営の手法ばかりに目が行ったが，先輩方から手法やノウハウには経営の本質がないことを教わった．先人は皆，「考え方」が重要だという．なぜ，その仕事をするのか，その仕事をすれば誰の役に立って，誰が喜び，社会がどう良くなるのか．正しい経営には，正しい大義が必要なのである．それは，私の胸に引っ掛かっていた「志」そのものではないか．会社は，利潤追求のみに存在するのではない．お金お金という世の中に嫌気がさしていた私だったが，人の役に立って，ありがとうと言ってもらって飯を食っていく，そんな生き方をしたいと決意したのである．

　ちょうどその頃，「コミュニティビジネス」という言葉が耳に入ってきた．「地域の課題をビジネスで解決し，利益を上げながら持続可能なものにする」という考え方である．さっそく事例を探してみた．東京の多摩ニュータウンで，運送事業者が便利屋サービスを行なっているという．当時，地域の同業者仲間で構成していた協同組合のメンバーを誘って，東京へ視察に赴いた．運送業を営みながら地域の高齢者から持ち込まれる頼まれごとを引き受けているうちに，それがいつのまにか商売になったと，社長は笑って言っておられた．話を聞くうちに，近所の高齢者にとってなくてはならない存在となっていることはすぐにわかった．まさに「感謝をされながら飯を食う」という，理想のビジネスモデルであった．

　単純な私は，すぐに便利屋の創業を言い出し，賛同してくれた組合メンバーと共に，我が町の「地域の課題」について考えてみた．多治見市は昭和50年代後半から，地場産業の衰退と並行して，名古屋のベッドタウンの様相を呈してきた．盆地形状の街にあって，郊外の丘陵地に次々と住宅団地が開発され，団塊の世代の旺盛な消費意欲に支えられて住宅は売れ，人口流入は急増した．ところが，その団塊の世代は，そろそろ定年退職を迎える時代に移る．市内の住宅団地のシルバータウン化が懸念され，高齢者の支援が地域の大きな課題となることは明白であった．特に気になったのが，外出の足である．自家用車利用が大前提となっている住宅団地では，やがて，車を運転できなくなると生活自体が成り立たなくなる．クルマ社会ゆえに路線バスは充足しておらず，タクシーを日常の足にするのは経済負担が大きい．よし，それな

8章　地域公共交通の現実とモビリティ革命への障壁

写真 8.1　"みんなの足"と"みんなの手"を目指す創業16年目のコミタク

ら我々が担い手となろうと思いついた。

「タクシーで"みんなの足"に，便利屋で"みんなの手"に」をビジネスコンセプトに，地域の高齢者を支える会社を創ろう――ようやく私の「志」は明白となり，コミタク創業というかたちで走り始めたのであった。

8.2.2　「バスでもタクシーでもない」はダメよ

我々は，単純に「バスよりも便利で，タクシーより安い乗り物を創ろう」と考えた。基本となるポイントは4つ。

① 玄関先からドアツードアで利用できること。
② わかりやすい定額運賃であること。
③ 会員制による乗合い方式であること。
④ 地域限定であること。

6～7人乗り程度のワゴン車で市内を走り回ることを想定し，自家用車並みの利便性と安価な運賃を実現することで，地域の高齢者が気軽に外出でき，

8.2 コミュニティタクシー創業への思い

皆が乗り合うことで住民同士のコミュニティの再生をもかなえるビジネスモデルである。なんと素晴らしいビジネスモデルだろうと，我々は自画自賛していた。ところがだ，新参者の我々は，タクシー業者が軽々と「乗合い」などという言葉を口にしてはいけない，鉄の掟があることすら知らなかった。

運送業は，道路運送法という法の下にあり，国土交通大臣から営業許可を得なければならない（実際には地方運輸局が処理をする）。貨物も旅客も同じ法の下にあるので，我々運送屋から見たら，タクシーやバスはいわば「隣の芝生」であり，基本的なことは理解しているつもりであった。しかし運輸支局に開業の相談に行くと，夢は簡単に打ち砕かれた。我々の考えているビジネスモデルは，現行法では規定がなく，したがって開業は不可能であるという。

道路運送法は，有償で不特定多数の一般客を運送する一般旅客自動車運送として，

① タクシー事業を前提とした「乗用事業」
（正式名称：一般乗用旅客自動車運送事業），
② 路線バス事業を前提とした「乗合事業」
（正式名称：一般乗合旅客自動車運送事業），
③ 観光バス事業を前提とした「貸切事業」
（正式名称：一般貸切旅客自動車運送事業）

の3つの業を規定している。（この他にスクールバスや従業員送迎バスなど，特定顧客を輸送する「特定事業」（特定旅客自動車運送事業）がある）。これらの種別のどれかに当てはまるもの以外は，事業として認められないのである。つまり，タクシーでもバスでもないものは，法律上，前提とする規定がない。ないものはないのであり，ないものに許可を出すことはどだい無理であるという理屈である。あぜんとするほかはなかった。取りつく島もない規制行政の壁である。

それでも，支局の担当者に食い下がると，「とりあえずタクシーから始められてはいかがですか？」と提案をもらった。「あなたがたは運がいい，タクシー事業は昨年規制緩和があり，誰でも参入できるようになりました。ましてや皆さんのような貨物運送事業者であれば，許可要件のいくつかは既存のもので併用できるし，比較的簡単に開業可能ですよ」そんな主旨の指導をし

8章　地域公共交通の現実とモビリティ革命への障壁

てくれたのであった。当時，規制緩和の波は徐々に広がっており，すでに貨物運送業，貸切バス事業，そしてタクシー事業が順に自由参入が認められるようになっていた。したがって今後，バス事業（乗合事業）においても規制緩和はありうるし，そうなれば，我々の考えた「コミュニティタクシー」というバスとタクシーの中間のビジネスモデルの事業化も不可能ではない，と考えられた。もちろんそこまで支局の担当者は言わなかったが，そんなメッセージを勝手にくみとったのである。コミュニティタクシーの業態イメージは，「乗合タクシー」であったが，今のところタクシー事業である限り，「乗合い」という言葉は建前としては使えない。乗合いとは，乗り合わせた一人ひとりの乗客から個別に料金を徴収する仕組みを指すが，タクシーにはそれができない。例えば，駅前のタクシー乗り場が長蛇の列だったとしよう。近くの人と話し合って，同方向だから一緒に乗ろうと呼びかけ合う。そんな場合は，乗合いではなく，「相乗り」と呼ばなければならない。料金は相乗りした客が割り勘して取りまとめ，タクシー運転手は代表者から受け取る。これが乗合いと相乗りの，法規制上の違いである。なんともはや。どっちでもいいじゃないかと言いたくなる。

　まあいいや，それではタクシーから始めてみるか。よし，ならば我々の手で，高齢者が気兼ねすることなく，親切で使いやすいタクシーを創ろう，"みんなの足"の第一歩は，タクシー事業から始めよう——。かくして，平成15 (2003) 年6月，当時は斬新だったプリウス5台をタクシー車両とする株式会社コミュニティタクシー，「通称コミタク」は，多治見市において鮮烈デビューを果たしたのであった。

8.2.3　地域公共交通に携わる醍醐味

　開業直後から，配車係の電話は鳴りっぱなしの状態となった。設立時に「利用者が利用者のために創るタクシー」と銘打って，小口株主を募り，30名を超える方々に出資をいただいた。この株主さんたちがそのまま支援者となり，地域に広報していただいたことが大きかったと思う。たちまち，お客様からは「コミタク」の愛称で呼ばれるようになり，乗務員は食事する暇さえないほどに走り回った。

　ところが，まあ儲からないのである。現金商売だからそんなに運転資金に

は困らないだろうと考えていたのだが，商売はそんなに甘くない。予定していた開業時期が少しずれ込んだこともあって，収益がないのにお金は飛ぶように出ていく。開業月から資金ショートという異常事態を招き，自転車操業が長く続くこととなる。それでも鳴り止まない電話に応えるため，すぐに増車を決め，ますます経営をひっ迫させた。また，高い接客レベルを維持するためにと，乗務員には歩合給ではなく，固定給制度を約束した。業界では特異なことである。需要の波が激しいタクシーでは，歩合給を緩衝材として経営を安定化させる。これが業界の常識だが，当社では，この常識破りを今も続けている。

　さて，デビューした「コミタク」の乗務員たちは，そのほとんどが素人だった。正社員とパートで20名ほどのスタッフの中で，タクシー業の経験者はたった2名であった。だからこそ良かったのだろう。業界の常識にとらわれずに，できることはなんでもやろうとの精神で接客に努めた。迎車時の自己紹介やドアオープンのサービスはもちろんのこと，荷物があれば玄関先まで運び，雨の日には玄関先まで傘をさして迎えに走った。そのうち，車を降りてお客様と一緒に買い物をしたり，お墓参りには掃除を手伝い線香を上げるまでお供したりという，どちらが本業かわからないサービスにまで発展した。モットーは，タクシーは運送業であるが運送業にあらず。会社には御礼の電話や手紙，お客様の自家菜園で採れた野菜や果物が届いたりするようになった。

　タクシー業務は，お客様の生活に密着する商売である。特に地方のタクシーでは，常連客の比率が高いので，お客様の個人情報を丸ごと受け入れることとなる。お客様にとって，良い日もあれば悪い日もある。様々な事情の中での生活があり日常がある。その折々に触れて，お客様の外出にお付き合いをする。ときには車内で悩み相談をする機会があったり，しこたま愚痴を聞くことになったりすることもある。だからこそ，面白い。私は，タクシーは，お客様の人生に触れる最高のサービス業だと思っている。「ありがとと言ってもらって飯を食っていこう」という願いは，この商売だからこそ実感できるのである。

8.2.4　ついに乗合バス事業に進出

　創業から8年を経て，平成23 (2011) 年，ついに乗合事業——すなわちバ

8章　地域公共交通の現実とモビリティ革命への障壁

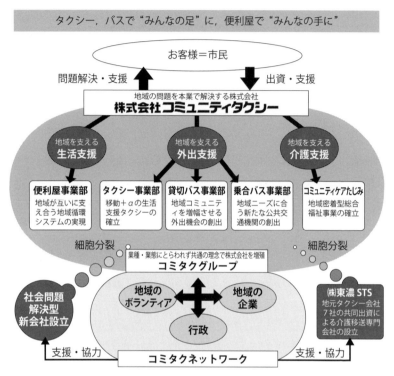

図 8.1　コミタクの事業ビジョン

ス事業に進出することになった。市内の南端にある団地の抱える交通問題の解決のためだ。その団地は近くに JR の駅があるが，土地の高低差が大きく徒歩ではまず通えない場所にある。団地と駅を結ぶバスもない。バスを通すことは長年，住民の悲願であったが，道路幅や鉄道高架の高さ制限等で大型バスが通行できず，既存のバス会社は取り合ってくれなかったという。ならばバスを小さくすればいいじゃないかという簡単な理屈ではあるが，そう簡単にいかないのがこの世界である。バスといえば定員 11 名以上であり，10 名以下の車両（つまりタクシー）では乗合事業は許されなかったのである。しかし改革の流れは着実に進み，平成 18 (2006) 年に道路運送法の改正が行われて，主に市町村が主体となり実施される「地域公共交通会議」で協議が整えば，車両の大小を問わず乗合バス事業をやってよろしい，という規制緩

8.2 コミュニティタクシー創業への思い

写真 8.2 「古虎渓（ここけい）よぶくるバス」（岐阜県多治見市）

和が行われた。また定時定路線ではないデマンド交通で乗合事業ができるようになったのもこの時期である。もちろん，運行開始までには相当な時間と手間と調整が必要だったが，最後には住民の皆さんの熱い思いが壁をぶち破り，悲願のバスを実現させた。（2012年版の「道路運送法の体系図」を参考までに表8.1に示した）。

　その運行初日のことである。私は，お客様に紛れ込んで最後部の座席に隠れるように座り，車内の様子をうかがっていた。走り出したバスの車窓を眺めながら，開通に至るまでの様々な場面を思い出し，涙が出そうになったが，ここで泣けば乗客の皆さんに迷惑をかけると，こらえていた。ほどなくバスは終点の駅に着いた。そのときである。降りて行く乗客の皆さんお一人お一人が，ドライバーに向かってお礼の言葉を言ってくださっているのである。もはや私は涙をこらえ切れなかった。地域公共交通の醍醐味とは，まさにこれである。これ以上のやりがいと達成感を，私は他では経験したことがない。誰もいなくなった車内で嗚咽していた私を見て，ドライバーは笑っていたが，涙の理由は知っていたはずである。

8章　地域公共交通の現実とモビリティ革命への障壁

表 8.1 道路運送法の体系（2012年版）

分類	事業種別	運行形態		例
旅客自動車運送事業	[一般旅客]一般旅客自動車運送事業	[乗合事業]一般乗合旅客自動車運送事業	路線定期運行	・一般路線バス ・コミュニティバス ・定時定路線型 ・高速バス ・定期観光バス
			路線不定期運行	・コミュニティバス ・デマンド型乗合タクシー
			区域運行	・デマンド型乗合タクシー
		[貸切事業]一般貸切旅客自動車運送事業		・観光バス ・ツアーバス
		[乗用事業]一般乗用旅客自動車運送事業		・ハイヤー ・タクシー ・福祉タクシー
	[特定旅客] 特定旅客自動車運送事業			・特定の事業者への通勤送迎バス ・スクールバス
	国土交通大臣の許可を受けた場合等における、貸切バス事業者、タクシー事業者による乗合旅客の運送			・工事期間中の鉄道代行バス ・イベント送迎シャトルバス
自家用自動車による有償旅客運送	自家用有償旅客運送	市町村運営有償運送		＊公共団体、自治会、NPO、市民団体等による自家用車を用いた、非営利目的の有償運送 （無償なら許可申請の必要なし）
		過疎地有償運送		
		福祉有償運送		
	国土交通大臣の許可を受けて行う運送			・幼稚園送迎バス
	災害のため緊急を要するときに行う運送			

（国土交通省近畿運輸局「地域公共交通確保・維持・改善に向けた取組マニュアル」2012, P.32 をもとに作成）

8.3 交通事業における規制の壁
8.3.1 許認可への道と裏話

　前述したとおり，私は，貨物自動車運送事業に始まり，コミタク創業で旅客運送業に移行し，その後，お客様の要望に応えるうちに結果的に，道路運送法で規定されたすべての事業の創業を経験することとなった。すなわち，乗用（タクシー），貸切（観光バス），乗合（乗合バス），特定（企業の社員送迎）の営業許可をすべて取得した。開業時に必要となる運行管理者資格も，現在では，貨物と旅客の二種類に集約されたが，当時はまだそれぞれの営業種別で必要であったので，貨物，乗用，貸切，乗合と，そのたびごとに受験して取得した（特定事業は，乗用，貸切，乗合のいずれかの資格があればよい）。こんな経験を持つ者は，日本広しといえども，そうはいないだろう。いやいや，自慢をするために申し述べたのではない。この経験から，様々なことを学んだ。これから地域公共交通の企画運行を目指される方，あるいは，すでにそのプロセスでお悩みを抱える方の参考になればと，許認可についての障壁について書きたいと思う。ただし，道路運送法に関する法令は常に改正を続けており，現在は当てはまらないことや，今後の改正で当てはまらなくなるものも話の中にあるかもしれないが，そのあたりの錯誤についてはご容赦願いたい。

　法律というものは一般人にはわかりにくいものだが，まず法律の構成を知っておくべきある。もちろん大まかでいいが，先述のとおり，運送業の規定は道路運送法という法律で定められている。ただし実際には，基本的なことが書かれているだけで，実際の解釈や運用は，施行規則，通達，公示といったものが別に出され，具体的なルールや条件が示される。例えば，道路運送法で「許可を受けなければならない」と書かれているとしても，許可を受けるために，具体的に何が必要なのかは書かれておらず，施行規則，通達，公示等で明確にするのである。この数たるや実に膨大で，かつ，文面を読んでも理解ができないことが多いのだが，ありがたいことに情報はすべて，地方運輸局の支局に集まっているから，各都道府県に必ず一ヵ所はある支局の窓口（一部は運輸支局という名称でない地域があるが）へ行けば，情報は取れることになっている。

8章　地域公共交通の現実とモビリティ革命への障壁

　したがって，運送業を開業したいという場合には，必ず支局窓口に相談に行くことが重要である。国土交通省や地方運輸局からデータを引っ張ることもできるが，どう読み込んでもわからない部分があるので，勝手な解釈をして後で手直しなどの手間をかけるよりも，最初に窓口に行くことである。できれば簡単でよいので，事業計画を示せるものがあるとよりスムーズである。

　地方運輸局の支局は，いつも中古車屋さんたちでごった返しているが，そこをかいくぐり輸送課の窓口を訪ねる。大きな支局だと案内係がいることがあるが，通常は，通路に一番近い机に座っている人が担当者だ。大概は，トラック，バス，タクシーの担当者がそれぞれ決まっており，忙しそうにしていても声をかければ親切に対応してくるはずである。ちなみに，この担当者さんの名刺の肩書には，ほとんどの場合「専門官」か「事務官」と書かれているが，「首席」と付いていたら注意が必要だ。その方は課長に当たる。支局で課長といえば偉い人だ。みんなに課長さんと呼ばれているのに名刺には書いていない——これも一般人にはよくわからない，なんだか笑える話である。

　さて許可申請のプロセスだが，大雑把に言うと相談に始まり，様式に従って申請書を作成提出し，運輸局からの呼出しを待ち，事情聴取と経営者試験があり，営業所等の現地確認を受けて，許可を待つという流れだ。その作業量のほとんどは申請書の作成に係る。慣れていないと，申請書を持って行っては窓口で不備を指摘され，添削されてはまた持って行くという作業を繰り返すことになる。初めての方には，嫌がらせや修行と感じるかもしれないが，運輸局はこんな時代になっても文書主義である。そういうものだと割り切るしかない。もちろん行政書士の先生にお願いするのも手だが，お金に余裕のある人以外は，自分でやってみるほうがよいと思う。手間はかかるが素人にも十分可能であり，認可を受けて運行がスタートした後，将来の監査を受けるにあたっても，相当な学びとなるからである。

　何回も手直しされた申請書は紙ベースで作り，捺印して提出する。受理されると，受付印を押して控えを返してくれる。この受付印には日付が入っているが，実はこれが相当大きな意味を持つ。受付印を押した以上，「知らぬ存ぜぬ」はできなくなるからだ。規則により「標準処理期間」が定められており，特別なことがない限り，処理の期限はここまでと明確になる。許可申請のひとつの目途は，日付の入った受付印をいただけるかどうか，これが山な

のである．この後，申請書は支局から地方運輸局本局へ回される．本局から追加書類を求められることがあるが，ここまで来てしまえばそう厄介なものはない．

さて，いざ許可が下りると，大概は内々に担当者から電話がかかってくる．「明日付けで許可書が出る予定ですが，どうされます？ 取りに来られます？」という具合である．今では許可書を郵送で送ってくれる時代となったが，昔は必ず支局へ出向き，支局長または課長から，うやうやしく許可書を受け取ったものである．そう，卒業証書を受け取るように．「公共交通の使命を自覚し安全運行に努めるように」なんて簡単な訓示も受け，「おめでとうございます」と御祝いの言葉もいただく．この儀式でなるほど運輸局は「御上」なのであると自覚する．許可書の重みを感じるには，あれは良い慣習だったのではと思う．もし体験してみたい方がおられれば，担当者に聞いてみてはどうか．「支局長から許可書を直々に受け取りたいのですが」と．果たして今はどんなことになるのか．支局長には，ぜひ快諾していただきたいものである．

8.3.2　新規参入を阻む3つの壁

そもそも道路運送法で運送業の営業許可を取得しなければならない事業とは，次の3つの条件すべてに当てはまるものである．① 他人の需要に応じて，② 自動車を使って，③ 有償で運送する．したがって，無償で運送するのであれば営業許可は不要である．許可申請も何もまったく必要がない．逆に，営業許可を取得せず有償で運送した場合，法律違反，すなわち犯罪となるのである．いわゆる「白タク行為」というのは，これに当たる．

先述したように，旅客運送の営業の種類は，乗用事業（タクシー），乗合事業（路線バス），貸切事業（観光バス），特定事業（乗客限定）の4つに規定されているが，乗合事業では運行形態により，さらに種別に分かれている．(a) 路線定期運行型（路線と時刻表を定めて運行するもの），(b) 路線不定期運行型（バス停は設けるが時刻表はなく乗客の求めのあった場合に運行するもの），(c) 区域運行型（路線の定めがなく地域を区切って予約制で運行するもの）があり（前掲の表3.1参照），自分がやりたい事業がこの3つのうちどれなのかを明確にして，初めて申請でき，許可が下りるのである．

運輸局から営業許可がもらえれば，晴れて旅客運送事業者として運行が開

8章　地域公共交通の現実とモビリティ革命への障壁

始できる——はずなのだが，許可を受けた後にも，運行実施までのあいだには，目に見えるもの見えないものを含めて様々な壁がある。私が今までに経験した数々の壁は，大きく次の3つに整理することができる。

1つ目は，法律にもとづく規制が壁となる「法令の壁」である。2つ目は，既存事業者など利害関係者が立ちはだかる「利害の壁」である。そして3つ目が，先例のない事業や新規参入に対して，理解・協調がなかなか得られない「慣習の壁」である。

(1) 法令の壁

法令の壁とは，文字通り，法律で認められていないもの，法律上の条件を満たさないものをことごとく排除しようとする壁である。例えば，事業開始に必要な要件として，営業所および車庫の確保，最低車両台数，必要となる運行管理者資格者数等が，実にこと細かに定められている。これらの要件こそが障壁になっている場合が多い。規制緩和や規制強化とは，このハードルを上げたり下げたりしたものにほかならないと言ってもいい。例えばタクシー事業の場合，地域により営業を始める最低車両台数が決められている。たいていの地域では最低5台，東京等の都市部では最低10台であるが，この時点で常識的に考えれば，個人事業としてタクシー業を始めるのは無理である。つまり運輸局の意思は，個人のタクシー事業には門前払い，やりたいなら「個人タクシー制度」という別枠の制度に基づいてやりなさいということである（ちなみに個人タクシーとは，1人の運転者＝事業者が，1台の車両のみでタ

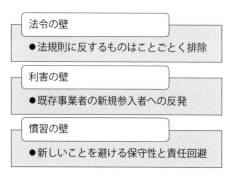

図 8.2　交通事業への新規参入を阻む3つの壁

クシー業を行う，1人1車制個人タクシー事業と規定されたものである）。申請者はこうした意図を，法令の規則から読み取らなければならない。

　さて，いったんは自由競争時代に突入した旅客運送業界であるが，現在はふたたび，乗用事業，貸切事業ともに，自由参入が事実上規制されている状況にある。タクシー分野では，平成14 (2002) 年に行われた規制緩和・自由化により，タクシー台数およびドライバーの供給超過に陥った結果，労働環境の悪化を招き，安全な運行が保たれない恐れがあるとして，道路運送法の補完的な法律「タクシー特別措置法」を新たに制定した。この法律で，供給過多とされる地域を「特定地域」に指定し，この地区では許可申請自体を受け付けない，つまり新規参入を受け入れないルールとしている。

　貸切バス（貸切事業）の分野では，平成28 (2016) 年に起きた軽井沢のスキーツアーバスの悲惨な事故を受け，貸切バス事業の許可申請に詳細な収支見積計画と安全推進計画を課すと共に，経営者には運行管理に関する「法令試験」の受験を義務づけ，合格点が取れない場合は許可を認めないこととした。さらに営業許可を5年ごとの更新制として，悪徳事業者を排除するようにしている。言い換えれば，素人が迂闊に手を出すんじゃないという運輸局の意思表示と受け止められる。

　いずれにしても，この「法令の壁」に関しては，規則という条件が明確化されており，いわば目に見えるものであるからクリアする方法もわかりやすい。法令による不具合や不利益が大きければ，外圧や世論によって改正もされるので，障壁といえどもまったく乗り越えられないものではないといえる。ただし，法律が時代を先読みして改正されるなどということは，この分野ではありえない話で，常に時代の"後付け"となる。法改正に時間がかかることは否めないが，法令を無視して営業すること自体，いくらそれが地域の役に立つとしても，法治国家においては言語道断であると考える。たまに法の"抜け道"を探してビジネスを起こす輩がいるが，たとえそれが法的にグレーゾーンであっても，白ではないのである。

(2) 利害の壁

　地域公共交通の新規運行を始めるとき，主要な利害関係者といえば，利用者である住民と既存の交通事業者が真っ先に挙げられる。この二大勢力のどちらか（あるいは両方）が反対に回ったとき，新規事業には大きな壁となる。

8章　地域公共交通の現実とモビリティ革命への障壁

受益者たる住民が反対の意思を表明する場合には，これはもう根本的な問題だろうから，よく話し合って解決する以外にない。問題は，地域ですでに営業している既存の交通事業者との利害関係をどう調整できるかである。

既存事業者の新規参入者に対する反対理由は，「新規事業によって客が奪われ，既存事業が継続できない」というものが多いのは当然だが，本当にそうなると考えられる場合から，単なる"やきもち"，"とりあえず反対"というものまで千差万別だ。取るに足らない理由であれば，賛成はしないまでもそのうち反対を言わなくなるので，放っておけば壁はなくなる場合が多い。一方，既存の路線バスを廃止に追い込む可能性がある場合や，地域のそれまでの努力や苦労を無視したクリームスキミング（いいとこ取り）の場合などは，簡単には解決しない。

現在，地域公共交通を新規開業するには，市町村が主体となって組成される「地域公共交通会議」から新規営業の承認可決をもらって運輸局に許可申請を出す方法が，現実的な方法となっている。この会議の構成メンバーに既存の交通事業者が入っているため，会議の場でこうした事業者が反対すれば，承認可決はおぼつかない。規約に沿って一定以上の賛成があれば承認可決されることにはなっているが，「地域の実情に合わせて地域が主体となって行なう事業については，運輸局は（地域公共交通会議の決定を）追認する」という主旨からいって，本来，ごり押しで承認可決をするような性格のものではない。地域に新たな紛争の火種を起こすようなことは，市町村も運輸局も避けたい意向が働き，結果として1人でも反対者がいれば，議決に至ることさえ難しいことになるのである。

日本ではビジネスは"市場における自由な競争"が常識であるが，こと公共交通の業界において自由競争を排除する理由はどこにあるのか，業界外の方は納得しがたいだろう。道路運送法の目的には，「運送事業の運営を適正かつ合理的なものとする」「利用者の利益を保護する」「道路運送の総合的な発達をはかり，公共の福祉を増進する」とある。もし既存の事業に1人でも利用者が存在するならば，結果としてその運行が損なわれることは，利用者の保護と道路運送の総合的な発達がかなわず，公共の福祉の増進を阻害する，という考え方が正義とされているのである。

規制緩和の功罪をここで語ろうとは思わないが，現に規制強化の方向に向

かっているということは，過去の規制緩和による弊害を重要視し，運送業に関しては「市場での自由な競争」はそぐわないという姿勢を運輸局は示しているのである。一方で，既存交通事業者の存在が新たな事業を生み出す障壁となっている事態は否定できない。そうはいっても，許可条件をキチンと満たし，不備のない書類を提出すれば，運輸局は受理せざるをえない。また，既存交通事業者にしても，社会的な使命の自覚から，真に地域にとって有意義なものであれば，拒むことはできないだろう。結局のところ，事業の計画策定の時点から，既存交通事業者を巻き込んで議論をし，互いの利害を尊重しつつ地域にとって良い方向へ向ける努力を双方が惜しまないことが重要だと考える。

(3) 慣習の壁

3つめは，新しいことや先例のないことを嫌う，いわば慣習的な考え方，保守的で防衛的な態度という壁である。例えば，事業の許可申請の審議には，警察と道路管理者（ほとんどは都道府県）が深く関係してくるが，この二者がときとして障壁になる場合がある。新規事業者が新たな運行事業を開始した場合に，警察は交通安全上において問題はないかを，道路管理者は道路を使用する上で問題はないかをチェックする立場となる。特に，乗合事業の定時定路線型（路線バス等）の営業許可申請の場合，どの道を通って，どこで乗降させるのかを明らかにしなければならない。通常は，認可申請のプロセスにおいて，使用される道路や乗降場所に問題ないかどうか，運輸局から警察と道路管理者に意見照会する。また，両者は地域公共交通会議の主要メンバーであり，会議でこの二者が「ノー」と言えば，一切先には進めない。

基本的には両者とも，公共交通の運行に横槍を入れる立場にはないのだが，それが路線バスの場合に限っては大きな壁となることがある。路線バスにはバス停の設置が必要だが，近年，新たなバス停の設置はほとんど認められていない。「ここにバス停を設置してお客様を乗降させてよいか？」と聞かれれば，安全面や道路状況に管轄責任を持つ当局は，安易に「よろしい」とは言い切れない。運行において事故や不具合でも起これば，「あなたがたは大丈夫と言ったでしょう」と，当局の責任が追及されかねない。安全管理を優先する立場からすれば，前例のない場所へのバス停の設置は了解しかねるのだ。

さて，ここで裏話をしよう。コミタクが団地と駅を結ぶ乗合事業の許可申

8章　地域公共交通の現実とモビリティ革命への障壁

写真 8.3　「お買い物あいのりタクシー」（岐阜県多治見市池田町/平成 28 年出発式風景）

請をした際，地域公共交通会議の席で，やはり警察から団地内の新たなバス停設置をすべて否認された。「じゃあ，どうすればいいのか？」と聞くと，「バス停は民地で確保して下さい」と言われた。ほう，民地ですか——。バス停のための土地を，すべて自前で買うか借りるかして，乗客の乗降に安全な場所を確保しろというわけですか——。無理とわかっていることを真面目な顔をしておっしゃられるから怖いのである。そこで当社はどうしたかというと，路線定時型から区域運行型へ申請の種別を差し替えた。区域運行型は，その名のとおり定められた区域の中で運行するものであって，法令上は路線もバス停も時刻表も存在しないのが前提である。そしてその制度枠の中で，バス停をバス停と呼ばず「ミーティングポイント」とし，時刻表を時刻表と呼ばず「運行時間の目安表」とした。「バス停のようなものですが，これはバス停ではありません。ミーティングポイントです」と言い切ったのである。目には目を，である。結局「バス停でないのなら問題ない」ということになった。

常識的には茶番に見えるだろう。こうした茶番で解決できるのならまだいい。定時定路線バスを走らせることにこだわるのなら，警察と道路管理者を説得するための何か別の手段を考えたほうがいい。

　他にもごく稀ではあるが，利害のない第三者であるはずの相手が運行開始の壁となることがある。例えば地域住民の中には，実にいろんな方がいらっしゃって，運行に直接関係のない地域の住民であるにもかかわらず，反対を声高にいう人たちが現れることがある。迷惑だとか危険だとかいう理由を叫ばれるが，釈然としないことが多い。要は「新しいこと」には反対という声が必ずあると考えるべきだろう。こうした壁は時間が経つと消滅し，許可申請の直接的な妨げにはならない場合が多いが，反対の声が出るのは，やはり地域に対する説明不足という可能性は否めない。地域の理解と協調を得るには，地域の慣習的な考え方を解きほぐして理解を得るよう努めるべきである。

8.4　タクシー，バス事業者の置かれた現状

　現在，タクシー，バス業界は共に，乗務員不足，需要減少，コスト増大の三重苦に悩まされている。売上対比で約7割が労務費であるという原価構造上，労働環境の改善と収支の改善は表裏一体であるが，平成の初めをピークとして，以降，市場規模の縮小は留まるところを知らず，売上減少が労働環境の悪化を招くという負のスパイラルから抜け出せないでいる。それでも，特定の時間帯や天候等により，車足らずの状態が見受けられるが，あくまでも一時的なものであり，収支を改善するようなものではない。今後，人口減少や少子化・高齢化が進み，もはや高度成長期やバブル景気などありえない状況下では，ITを導入し，生産性の向上や新たな需要を呼び込むような新商品・新サービスの開発に注力して行かなければならないことは自明である。しかし残念ながら，旅客運送業界の多くの事業者たちは相変わらず旧態依然としており，改革への意識が薄い。一部の都市圏のタクシー事業者のあいだでは，配車アプリの導入など様々な取組みが始まっているが，地方の事業者にとっては他人事で，当事者意識にはほど遠い現状がある。バス事業者にしても，電子マネー決済やバスロケーションシステムの導入など，積極的に取り組んでいるように見えるが，いずれも枝葉の改革であり，運行のあり方そのものを画期的に変革しようという意識には及んでいない。現在の日本では，

8章　地域公共交通の現実とモビリティ革命への障壁

Uber（ウーバー）のような新たな交通システムを生み出す土壌，生み出せる土壌はない。

その原因の第一は，先述の道路運送法による保護規制にある。一時の規制緩和はどこへやら，平成 28 (2016) 年以降，自由参入を阻む規制が敷かれている。業界保護の政策は，当然のことながら変化を嫌う意識につながる。業界を守り発展させるはずの規制が，業界の活性化や新たなチャレンジを阻害し，後退させている。そして日本全国どこへ行っても金太郎飴のごとく同じ商品，同じサービスしかないという結果を招いている。

さらに路線バスを運営するバス会社に特徴的なのは，補助金制度が "特別な事情" として，大きく関与していることである。赤字路線に対しては，国・県から補助金が下り，赤字を補填している。正直この補助金がなかったら，地方のほとんどの路線バスが廃止されてしまうと思われる。バス事業者にとって，はたしてお客様とは誰なのか。補助金で空に近いバスを走らせ，そこにお客様が不在であれば，利用者目線のサービス提供はおざなりとなる。新しいことに挑戦して需要増を望むべくもない。やってもやらなくても同じなら，やらない方を選択するだろう。旧態依然とするのも無理はないのである。

一方，全国 1 万 6 千社余りの法人タクシー事業者のうち，じつに 68% が車両数 10 台未満の中小零細企業である。つまり，タクシー会社の約 7 割が，いわゆる "さんちゃん企業"——父ちゃん，母ちゃん，爺ちゃんが交替で配車席に座り，無線機を握っているような経営実態なのである。タクシー事業の原価構成は，乗務員人件費が約 6 割を超える。燃料費，保険，修繕費，償却等を考えると，配車その他の管理費用は 2 割もかけられない。ほとんどのタクシー会社が家族の手助けの犠牲の上に成り立っているといっても過言ではない。私の個人的な経営感覚ではあるが，配車管理費用を正当に捻出するには，最低でも車両数 30 台規模の経営が必要だと思う。しかし残念ながら，それに該当するタクシー事業者は全体の 15% にも満たない現状である。

8.5　未来への使命

地域公共交通をめぐっては，どの事業者も余裕のある経営ができる環境下にはなく，コスト削減はもはや限界に達している。一方で，IT を始めとしたテクノロジーの進化は凄まじく，これらを取り入れた生産性の向上や新商品

開発等は必至の時代である。しかしながら事業者は導入費用の捻出もできない，また決定的に情報量に乏しく，創造力や企画力が欠如している。企画開発担当者，あるいはプロデューサーの存在が皆無であることが最大の問題点であると思われる。経営者自らがプロデューサーとなり，情報をかき集めて咀嚼し，新しいタクシーやバスの姿を創り出していくほかない。もし今後も事業を続けていこうと考えるのであれば，今こそ，地域の交通を支えるプロデューサーとして蜂起するしかないのであり，それがかなわなければ，地域公共交通の衰退は避けられないだろう。

　さて，コミタクが創業時に描いた月極定額制の地域限定乗合タクシーであるが，当時はスマホの出現さえ予想できない時代であり，ましてや AI（人工知能）によるリアルタイム完全自動配車・自動運行の登場などは，想像の域を遥かに超えるものであった。SAVS (Smart Access Vehicle Service) は，私の思い描いてきた「タクシーでもなくバスでもない乗り物」の，おおいなる進化形である。今後，MaaS (Mobility as a Service) や自動運転技術によるモビリティ革命が進み，未来型公共交通が普及していけば，公共交通の姿は劇的に変わるだろう。こういう革命的な時代に，その変化を間近に見られることを幸せに思うと共に，願わくは公共交通が将来にわたって人々の生活に役立ち，どんな地域においても人々に活気と張りを与えられるような存在であってほしい。そのような姿を目指し創業した者として，微力ながら振興に努めていきたい。

終章

SAVSで未来社会を創る

松原　仁

e.1　SAVSプロジェクト

　本書は，SAVS (Smart Access Vehicle Service) プロジェクトの主要メンバー 10 名による共著で，SAVS を取り巻くスマートモビリティ革命の時代背景から，未来技術のビジョン，研究開発の経緯，SAVS の技術・設計手法・社会実装の解説，課題・展望，公共交通をめぐる政策的背景と課題まで，幅広いテーマについて各人の専門領域を活かした書き下ろしの原稿を収載した。

　SAVS のそもそもの最初の一歩は，本書の 2 章で中島秀之が記したように，産業技術総合研究所（当時は独立行政法人，現在は国立研究開発法人；以下産総研）において，中島と野田五十樹（4 章執筆）が 2001 年，マルチエージェント技術を応用したデマンド交通の運行シミュレーションに取り組んだことに端を発する。

　私は大学院修了後，産総研の前身である電子技術総合研究所に入所，中島とも 14 年間同僚であったが，SAVS 研究がスタートする前年の 2000 年に退所し，公立はこだて未来大学へ開学と同時に異動した。その後，デマンド交通の研究はしばらく途絶えていたが，中島が 2004 年に公立はこだて未来大学学長に赴任し，やがて 2011 年から学内メンバーを中心に研究プロジェクトを再び立ち上げることになった。中島をリーダーとして，私，そして田柳恵美子（1 章執筆），平田圭二（3 章執筆），白石陽が，SAVS を中心的な研究課題とする「スマートシティはこだてラボ」の当初のメンバーである。これに学外からは産総研の野田，そして当時は名古屋工業大学の金森亮（現名古

終章　SAVSで未来社会を創る

屋大学；5章執筆）も加わった。

　翌2012年には，JST・RISTEXの大型予算の採択が決まり（後述），専任の研究員として佐野渉二（現・金沢工業大学）が参加。2013年秋に初の実証実験を函館市内で実施する。2014年4月，サービス学会国内大会に合わせて函館で実施した第2回実験から，株式会社アットウェアの松舘渉（6章執筆；現・株式会社未来シェア代表取締役），産総研から落合純一（7章執筆；現在は未来シェア）が参加する。この実験において，SAVSは世界初のドアツードア（乗降場所制限なし）の，都市型リアルタイムフルデマンド公共交通（我々の言うマルチデマンド公共交通）の完全自動運行に成功する。2015年5月，人工知能学会全国大会に合わせて函館で実施した第3回実験から，鈴木恵二（同年4月に北海道大学から公立はこだて未来大学へ転任；テクニカルノート執筆）が，また2016年には，株式会社コミュニティタクシーの岩村龍一（8章執筆）が参加，さらに赤木邦雄が(株)アットウェアから(株)未来シェアの専従スタッフとして加わり，現在のメンバーがほぼ揃った。

　また現在はメンバーを外れているが，伊藤孝行（名古屋工業大学），山下倫央（当時産総研，現北海道大学），小柴等（当時産総研，現文部科学省 科学技術・学術政策研究所）も，初期の重要な共同研究者である。

　2011年から5年間の実証研究の成果は，人工知能学会，情報処理学会，サービス学会，土木学会などで次々に発表され，新聞や雑誌でも紹介されるようになり，企業や地方自治体からも問い合わせがくるようになる。研究者主導のチームではさばき切れなくなることは目に見えていたため，社会からの要請に応えるべくベンチャー設立が画策されたのは，ごく自然な流れだった。2016年夏に，私とアットウェアの松舘をツートップの代表取締役として，株式会社未来シェアが設立される。実証実験での連携を通じて，アットウェアとは強い信頼関係を築き上げており，その創業メンバーとしてベンチャー立ち上げの経験も有する松舘は，もはやSAVSの事業化において不可欠な存在だった。

　研究リーダーの中島は，2016年3月で公立はこだて未来大学の学長を退任し，東京大学先端人工知能学教育寄付講座特任教授に着任していたが，引続き公立はこだて未来大学の特任教授として研究プロジェクトを主導するとともに，未来シェアの会長に就任した（その後，2018年4月に札幌市立大学学

長に着任したが，研究の主幹的立場であることに変わりはない）．

e.2　SAVS 誕生の地――函館と道南について

　公立はこだて未来大学は，函館市，北斗市，七飯町の3つの自治体による広域連合が設置主体となった大学である（開学当時は，函館市，大野町，上磯町，七飯町，戸井町の1市4町であったが，2004年の平成の大合併によって2市1町となった）．広域の函館ということで「はこだて」とひらがなを使っている．地方の公立大学として，教育，研究，地域貢献を3つの柱としている．情報系の単科大学なので，情報技術や情報デザインを通じて地域に何が貢献できるかを考え，大学の重点戦略研究プロジェクトを組織し，学内の競争的研究資金で支援を行なっている．

　2008年に公立大学法人化を果たして，より具体的に「3つのMIT」と称する，マリンIT，メディカルIT，モバイルITの3分野を重点戦略テーマに掲げてきた．このうち最後のモバイルITのプロジェクトの1つとして，SAVSのプロジェクトがスタートした．ちょうど同じMを文字って，「モビリティIT」とも呼んできた．当初は，函館市のバスや市電（路面電車），タクシーあるいは自家用車などとも連携した産官学民連携での交通実験ができないものかと模索していたが，関係者の合意を取りつけることができず，最初の実験はタクシー会社1社から車両と運転手を借り上げるかたちで，あくまで大学の研究プロジェクトの一環として実施することとなった．函館での3回の実験は，いずれも同様の方法で実施し，残念ながら行政や交通事業者との共同事業は実現していない．何度か提案はしたものの，時期尚早だったのだろう．

　被験者となる市民や学生のコーディネートについては，市民との連携で2011年に立ち上げていたNPOスマートシティはこだてという組織の主導で実施した．市民側の代表として，星野裕氏（有限会社ビットアンドインク代表）に多大な協力をいただいたが，病のため2016年に逝去され，途半ばでの決別となってしまったことは誠に残念であった．

　以上のようにSAVSは，公立はこだて未来大学を中心に，函館での実証実験を皮切りとして社会実装を推進してきた．ここで，その背景としてのはこだて地域について述べておきたい．いまや全国各地域で実証実験を展開しているSAVSだが，その地方都市版のモデルとなったのはやはりここ，はこだ

159

終章　SAVSで未来社会を創る

て地域なのである。

　函館市は，北海道では札幌市，旭川市に次ぐ人口3番目の都市である。函館山の夜景や魚介類などに代表される観光地で，年間400万人から500万人程度の観光客を集めており，最近はアジアを中心に，外国人観光客も増えている。ブランド総合研究所が毎年行っている「地域ブランド調査」の魅力度ランキングで，全国市区町村の第1位に2009年，2014年，2015年，2016年，2018年と5回も選ばれている。平成の大合併で2004年に人口が30万人を超えて中核都市の資格を得た。（その後，毎年ほぼ3千人ずつ減少し，現在は27万人を割っている）。

　函館市はいまや，過疎化が進む道南全域の都市機能を担っている。公立はこだて未来大学も，道南唯一の公立大学として，広域はこだて圏としての道南各地域とも適宜連携を行なっている。道南地方とは，長万部以南の渡島半島の一帯である。渡島半島の西側には，松前や江差といった歴史ある町がある。松前は北海道の最南端にあり，和人（大和民族）が最初に多く集まった地域である。江戸時代には松前藩が松前を本拠地にして北前船で栄華を極めていたが，幕末の函館港の海外への開港に伴って，函館に中心が移っていった。ニシン漁が盛んなときには江差も繁栄したが，ニシン漁の衰退とともにやはり重心は函館に移った。

　函館は昭和の初めまで，東北・北海道の中心都市として東京以北で最大の人口を誇っていた。札幌や仙台に人口数で抜かれた後も，造船（函館どつく）や遠洋漁業基地として繁栄したが，造船が不況になり200海里問題で遠洋漁業が衰退してからは厳しい状況となっている。

　函館市は，前述のとおり全国1位の魅力的な街として高いブランドイメージを有する一方で，東洋経済が2016年から隔年で実施している中核市の「幸福度ランキング」調査で，2016年に42市中42位と最下位，次の2018年でも45市中42位とやはり最下位レベルである。基本指標別で見ると，健康が最下位の45位，仕事も43位で下から3番目である。文化，生活の指標では中位だが，生活保護受給率の高さは北海道で3番目である。教育では10位と高い位置にあるものの大学進学率は低く，地元の大学や高専を卒業した若者のほとんどが，首都圏など地域外へ流出してしまう。地元に有望な仕事が不足しており，人口減少が他都市よりも早く進んでいる。超高齢化も早く進

んでいる。

　日本は「課題先進国」と言われる。環境問題や超高齢化問題など人類に共通する課題が，他の国々に比べて早く深刻化していることを指している。これらの課題への対応策をいち早く打ち出すことができれば，日本は課題の解決について先頭を走ることができる。それと同じ論法で，函館は「課題先進都市」である。日本のすべての地方都市が抱える課題が，函館で先に深刻化している。これらの課題を（すべてではなく一部でもよいので）解くことができれば，そのモデルを日本中，いや世界中に展開することが可能になるはずである。

　課題は数多く存在するが，公共交通の問題はかなり深刻である。はこだて地域の乗合バス事業者は，函館バス株式会社の1社である（以前は市バスと函館バスの2社が存在したが，2003年に市バスが廃止されて函館バス1社に統合）。函館市内だけでなく，函館から江差，松前，南茅部など，道南各拠点への遠距離乗合バスや，江差ターミナルを起点とする過疎地路線が，公的資金の補助により運行されている。こうしたバスの多くが，ご多聞にもれず利用客はきわめて少ない。市内の路線バスにおいても，一部の路線は多数の乗客があるが，他都市と同様，乗客が少ないバス路線も多い。

　全国共通の現象ではあるが，多くの住民は自家用車で移動し，乗客が少ないとバス会社としては本数を減らすしかない。本数が減ると不便になり乗客がさらに減る。するとまた本数が減るという，負のスパイラルが起きる。過疎地では自治体が補助金を出してバス路線を確保しているが，そのバスに乗っている人は残念ながら多くない。乗客がいなくて"空気を運んでいる"と表現されることもある（路線バスは規則によって，たとえ乗客がいなくても始点から終点まで運行することが義務付けられている）。函館市内には数多くのタクシー会社が存在して便利だが，日常使いをするには料金がかかる。かといって公共交通だけでは行きたいところにドアツードアでは辿り着けない。高齢化で運転するのを避けたほうがよい年齢の住民も増えているが，やはり自動車がなければ買い物や通院もできない状況だ。

　仕事をしている人の多くは自家用車で通勤しており，公共交通が不便だという実感を持っていない。特に冬の積雪時期の路線バスのダイヤの乱れは尋常ではなく，その不便さは筆舌に尽くしがたい。私は，函館市民としては珍

終章　SAVSで未来社会を創る

しく20年近く自家用車を運転せず，公共交通だけで通勤を含めた移動をし続けている。出張時の空港への行き来，江差や松前，南茅部などへの出張も，基本的には路線バスを使う。公共交通事情が年々悪化していることは，肌身をもって実感している。函館市以外の自治体では，もはやタクシー会社がゼロのところや，1社～数社はあってもドライバーの高齢化と人材不足で風前の灯火といった地域が増えている。町営のバスや乗合タクシーを走らせるものの，その自治体負担は重くのしかかる。限られた公共交通をいかに効率的に走らせるか，いかに利便性を高めて利用者を増やすかが，どの自治体においても急務の課題となっている。

このように，足下のはこだて地域で起きていることへの認識と実感にもとづいて，全国各地の実証実験に携わり，さらに新たな発見とノウハウを蓄積してきた。近い将来，はこだて地域でこの蓄積を活かす機会を得て，初発の動機である地域貢献につなげたいと願っている。

e.3　研究から社会実装，ビジネスへ

研究から実証実験へ，ベンチャー設立へと展開してきた中での，資金と経営面について簡単に述べておきたい。

2012年に研究プロジェクトを再開し，最初の1年は，マルチエージェント社会シミュレーション（4章）や人流予測のシミュレーション（5章）に時間を費やした。2年目からはシミュレーションをベースとして函館での実証実験に移るため，大型の外部研究資金が必要だった。そこでJST・RISTEX「問題解決型サービス科学研究開発プログラム」に，「ITが可能にする新しい社会サービスのデザイン」（2012～15年度，研究代表：中島秀之）というテーマで応募し採択された。この資金により，車載端末やユーザ端末のアプリ開発，タクシー車両とドライバーの借り上げ，被験者への謝金といった必要予算を拠出し，函館での3回の実証実験を完遂することができた。

前述したように，SAVSの評判は広く流布しつつあって，各方面からの実証実験のオファーをこなすには，新たな資金調達が必要だった。研究目的の資金とチームではもはや無理があり，実用化という新たな目的に向けた事業体として，株式会社未来シェアを設立する運びとなった。公立はこだて未来大学発のベンチャー企業として，前述のとおり私が社長兼代表取締役，アッ

トウェアの松舘も連名で代表取締役となり，中島秀之は会長に就任した。学外関係者からも，産総研から野田，名古屋大から金森，コミュニティタクシーの岩村が取締役に名を連ねた。また，(株)アットウェアの代表取締役である牧野隆志が監事に就任した。当初の資本金は，アットウェアと創業メンバーで出資した。2017 年には，北洋銀行の北洋イノベーションファンドの出資を受けて，資本金を 1 千万円以上増資した。幸いこの間，実証実験への参加依頼が引きも切らない状況にあり，2018 年後半に増資を行った。2018 年 12 月現在，新たな出資先との交渉とさらなる増資の検討を行っている。

未来シェアを設立してからは，社会実装のための開発と運用は未来シェアで，研究は主に公立はこだて未来大学，産業技術総合研究所，名古屋大学でと，切り分けて実施している。RISTEX の後は，総務省 SCOPE「完全自動リアルタイムフルデマンド交通システム SAV 向けプラットフォームの研究開発」(2016〜18 年度，研究代表：平田圭二)，立石科学技術振興財団研究助成 (S)「自動運転車両と SAVS による都市規模メガナビゲーションの実現」(2017 年度〜，研究代表：鈴木恵二) の外部研究資金を獲得している。

さらに 2018 年度からは，NEDO (国立研究開発法人新エネルギー・産業技術総合開発機構) の AI 普及促進プロジェクト公募で，「人工知能技術を用いた便利・快適で効率的なオンデマンド乗合型交通の実現」(2018〜22 年度予定) に採択され，SAVS チームからは未来シェアと産業技術総合研究所が参加，NTT ドコモとの 3 者による産学共同の大規模な実証実験を横浜で開始している (6 章参照)。

e.4　今後の展望

SAVS がターゲットとしている乗客として，ふだんから路線バスやタクシーなどの公共交通を使っている人たちに加えて，日常的に自家用車を使っている人たちがより重要である。自家用車で移動している人たちの中には，「公共交通は時間どおり来ないから」「バス停や駅まで遠いから」など，必要に迫られて使っている人たち，さらに言えば「本当は運転があまり得意ではない」「好きではないけれど仕方なく」という人たちが多くいるはずである。「バスより便利でタクシーより安い」交通手段を提供し，今よりももっと簡単便利に移動できるようにすることで，自家用車から公共交通への手段の切替え＝

終章　SAVSで未来社会を創る

モーダルシフトを実現したい．そうなれば渋滞も解消され，環境問題も改善し，何よりも公共交通の経営状態がよくなるはずである．現行のバス会社，タクシー会社などの交通事業者は，自分たちの仕事がなくなると戦々恐々としているようだが，決してそんなことはなく，むしろ乗客のパイが広がるとともに，規制緩和がさらに進んで事業の可能性が広がることになるだろう．

さらに，人流だけでなく物流も扱う，いわゆる貨客混載も実現させたい．車両配車計算がより複雑になるが，技術的には，SAVSは貨客混載の配車計算プラットフォームにもスムースに対応することができる．近い将来には，自動運転にも対応させることになるだろう（p.131，テクニカルノート参照）．

公共交通をこの先も存続させるには，革命的な変化を起こさないといけない．固定電話の後に，携帯電話やスマートフォンが登場したように，既存の公共交通の後にも，携帯電話やスマートフォンのような，人々により身近で快適便利な交通手段が登場しなければ未来はない．インターネットが情報の移動に革命を起こしたように，われわれのSAVSによって人と物の移動に革命を起こしたい．インターネットによって情報を移動させることは簡単になったが，人と物を物理的に移動させるのはまだ容易ではない．SAVSが人と物の移動にとってのインターネットのような存在になること——グローバルにもローカルにも通用するという点においても——を目指して，函館から全国へさらに世界へと進んでいきたい．

SAVS 関連 研究成果一覧

ジャーナル論文

- 野田 五十樹，篠田 孝祐，太田 正幸，中島 秀之.「シミュレーションによるデマンドバス利便性の評価」情報処理学会論文誌, Vol. 49, No. 1, pp. 242–252, 2008 年 1 月.
- 小柴 等，野田 五十樹，山下 倫央，中島 秀之.「実環境を考慮したバスシミュレータ SAVSQUID による実運用に向けたデマンドバスの評価」コンピュータソフトウェア, Vol. 31, No. 3, pp. 141–155, 2014 年 9 月.
- 中島 秀之，野田 五十樹，松原 仁，平田 圭二，田柳 恵美子，白石 陽，佐野 渉二，小柴 等，金森 亮.「バスとタクシーを融合した新しい公共交通サービスの概念とシステムの実装」土木学会論文集 D3（土木計画学), Vol. 71, No. 5, pp. I_875–888, 2015 年 12 月.
- 中島 秀之，小柴 等，佐野 渉二，落合 純一，白石 陽，平田 圭二，野田 五十樹，松原 仁.「Smart Access Vehicle System：フルデマンド型公共交通配車システムの実装と評価」情報処理学会論文誌, Vol. 57, No. 4, pp. 1290–1302, 2016 年 4 月.

国際会議

- Itsuki Noda, Masayuki Ohta, Kosuke Shinoda, Yoichiro Kumada, Hideyuki Nakashima. "Evaluation of Usability of Dial-a-Ride Systems by Social Simulation", *Proc. of Fourth International Workshop on Multi-Agent-Based Simulation*, pp. 139–152, Jul. 2003.
- (post proceedings) Itsuki Noda, Masayuki Ohta, Kosuke Shinoda, Yoichiro Kumada, Hideyuki Nakashima. "Evaluation of Usability of Dial-a-Ride Systems by Social Simulation", Multi-Agent-Based Simulation III. 4th International Workshop, MABS 2003 (LNAI-2927), pp. 167–181, 2003.

- Kosuke Shinoda, Itsuki Noda, Masayuki Ohta, Yoichiro Kumada, Hideyuki Nakashima. "Is Dial-a-Ride Bus Reasonable in Large Scale Towns? : Evaluation of Usability of Dial-a-Ride Systems by Simulation", IJCAI-03 Workshop on Multiagent for Mass User Support (MAMUS-03), pp. 45–52, Aug. 2003.
- Itsuki Noda. "Usability of Dial-a-Ride Systems", In *Proceedings of International Workshop on Massively Multi-Agent Systems*, pp. 77–90, Springer, Dec. 2004.
- (post proceedings) Itsuki Noda. "Scalability of Dial-a-Ride Systems: A Case Study to Asses Utilities of Ubiquitous Mass User Support", *Massively Multi-Agent Systems I*, Toru Ishida, Les Gasser, Hideyuki Nakashima (Ed.), pp. 323–334, Springer, July 2005.
- Itsuki Noda, Masayuki Ohta, Yoichiro Kumada, Hideyuki Nakashima. "Usability of Dial-a-Ride Systems",*Proc. of AAMAS-2005*, p. 726, July 2005.
- Itsuki Noda, Masayuki Ohta, Yoichiro Kumada, Kosuke Shinoda, Hideyuki Nakashima. "Urban Bus Simulation to Compare Dial-a-Ride and Fixed-route Systems", In *Proceedings of the 1st International Workshop on Agent Network Dynamics and Intelligence*, Kiyoshi Izumi, Satoshi Kurihara (Eds.), pp. 75–82, JSAI, June 2005.
- Itsuki Noda, Kosuke Shinoda, Masayuki Ohta, Hideyuki Nakashima. "Evaluation of Bus Transportation System in Urban Area using Computer Simulation", In Proceedings of APCOM'07-EPMESC XI, p.MS24-4-1, Dec. 2007.
- Hideyuki Nakashima, Hitoshi Matsubara, Keiji Hirata, Yoh Shiraishi, Shoji Sano, Ryo Kanamori, Itsuki Noda, Tomohisa Yamashita, Hitoshi Koshiba. "Design of the Smart Access Vehicle System with Large Scale MA Simulation", In *Proceedings of the 1st International Workshop on Multiagent-based Societal Systems (MASS2013)*, May 2013.
- Keiji Hirata, Shoji Sano, Yoh Shiraishi, Hitoshi Matsubara, Hideyuki

Nakashima. "Serviceological View of the Development of a Person Trip Survey Application", In *Proceedings of the 1st International Conference on Serviceology (ICServ2013)*, pp. 23–26, Oct. 2013.

- Hitoshi Koshiba, Itsuki Noda, Tomohisa Yamashita. "Smart Utility Vehicle Service Evaluation for Medium-sized Cities Based on a Realistic Traffic Simulation", In *Proceedings of the 1st international Conference on Serviceology*, pp. 266–269, Oct. 2013.
- Masahiro Miyachi, Itsuki Noda. "Case Study of Evaluation of Advanced Public Transportation Systems by Multi-agent Simulation", In *Proceedings of SMSEC-2014*, p.4pPS43, Nov. 2014.
- Hideyuki Nakashima, Keiji Hirata, Junichi Ochiai. "Realization of Mobility as a Service in View of Ambient Intelligence", In *Proceedings of the 3rd International Conference on Serviceology (ICServ2015)*, pp. 111–116, July 2015.

国内研究会 口頭発表（査読あり）

- 白石 陽, 中島 秀之, 佐野 渉二, 松原 仁, 平田 圭二.「はこだて圏におけるスマートアクセスビークルシステムの構想と現状」情報処理学会 マルチメディア, 分散, 協調とモバイルシンポジウム (DICOMO 2013) 論文集, Vol. 2013, pp. 1098–1101, 2013 年 7 月.
- 小柴 等, 野田 五十樹, 山下 倫央, 中島 秀之.「実環境を考慮したバスシミュレータ SAVSQUID による実運用に向けたデマンドバスの評価」, 合同エージェントワークショップ＆シンポジウム 2013(JAWS2013), 2013 年 9 月.
- 中島 秀之, 小柴 等, 佐野 渉二, 白石 陽.「Smart Access Vehicle システムの実装」, 情報処理学会 マルチメディア, 分散, 協調とモバイルシンポジウム (DICOMO 2014) 論文集, Vol. 2014, pp. 1760–1766, 2014 年 7 月.

国内研究会 口頭発表（査読なし）

- 太田 正幸, 篠田 孝祐, 野田 五十樹, 車谷 浩一, 中島 秀之.「都市型フル

デマンドバスの実用性」, 情報処理学会 高度交通システム研究会研究報告, 2002-ITS-11-33 (Vol. 2002, No. 115 ISSN 0919-6072), 2002 年 11 月.

- 野田 五十樹, 太田 正幸, 篠田 孝祐, 熊田 陽一郎, 中島 秀之.「デマンドバスはペイするか?」, 情報処理学会研究報告 2003-ICS-131, pp. 31–36, 2003 年 1 月.

- 平田 敏之, 野田 五十樹, 太田 正幸, 篠田 孝祐.「シミュレーションによるデマンドバスにおける有用性の考察:都市サイズによる有用性の変化」, 2003 年度 人工知能学会全国大会(第 17 回)論文集, No. 3B4-04, 2003 年 6 月.

- 中島 秀之, 白石 陽, 松原 仁, 野田 五十樹, "スマートシティはこだて:交通網デザイン", 人工知能学会全国大会 予稿集, No. 3J2-OS10-8, 2011 年 6 月.

- 佐野 渉二, 中島 秀之, 白石 陽, 松原 仁:スマートシティはこだてプロジェクト:函館の個人移動記録を GPS で取得する調査の計画, 人工知能学会社会における AI 研究会第 15 回研究会, pp. 1–4, 2012 年 11 月.

- 佐野 渉二, 白石 陽, 田柳恵美子, 平田 圭二, 松原 仁, 中島 秀之.「「スマートシティはこだて」の実現に向けて:スマートフォンを用いた交通移動調査システム」, ユビキタスウェアラブルワークショップ 2012(UWW 2012), p. 44, 2012 年 12 月.

- 佐野 渉二, 金森 亮, 平田 圭二, 中島 秀之.「スマートシティはこだてプロジェクト:人流シミュレータ構築に向けた交通行動調査結果の速報」, 人工知能学会 社会における AI 研究会第 16 回研究会, pp. 1–6, 2013 年 3 月.

- 田柳 恵美子, 中島 秀之, 松原 仁.「デマンド応答型公共交通サービスの現状と展望」, 人工知能学会第 27 回全国大会論文集, Vol. 27, No. 2J4-OS-13a-1, 2013 年 6 月.

- 小柴 等, 野田 五十樹, 山下 倫央.「実都市を対象としたシミュレーションによるデマンドバス評価」, 人工知能学会第 27 回全国大会論文集, Vol. 27, No. 1D4-3, 2013 年 6 月.

- 小柴 等, 野田 五十樹, 山下 倫央, 中島 秀之.「実環境を考慮したバスシミュレータ SAVSQUID による実運用に向けたデマンドバスの評価」, 合同エージェントワークショップ&シンポジウム 2013(JAWS 2013), JAWS2013

実行委員会, 2013 年 9 月.

- 水野 敬太, 金森 亮, 佐野 渉二, 中島 秀之, 伊藤 孝行.「サポートベクターマシンによる GPS データの移動/滞在の自動判別手法」, 第 48 回土木計画学研究発表会講演集, Vol. 48, No. 192, pp. 1–6, 2013 年 11 月.
- 小柴 等, 野田 五十樹, 平田 圭二, 佐野 渉二, 中島 秀之.「Smart Access Vehicles の社会実装：シミュレーションを通じた分析と実証」, 情報処理学会研究報告 (知能システム研究会), Vol. 2014-ICS-174, No. 1, pp. 1–8, 2014 年 3 月.
- 中島 秀之, 平田 圭二.「価値共創とは何のことか：FNS によるサービスの定式化」, サービス学会第 2 回国内大会講演論文集, pp. 32–39, 2014 年 4 月.
- 小柴 等, 野田 五十樹.「SAV サービス実践への取り組み：サービスデザインを目的とした空車の配置戦略シミュレーション」, サービス学会第 2 回国内大会 講演論文集, No. P2–3, サービス学会, 2014 年 4 月.
- 平田 圭二, 佐野 渉二, 小柴 等, 野田 五十樹, 金森 亮, 中島 秀之.「Smart Access Vehicle サービス実践への取り組み」, サービス学会第 2 回国内大会 講演論文集, No. P2–4, サービス学会, 2014 年 4 月.
- 小柴 等, 野田 五十樹, 山下 倫央, 中島 秀之.「実都市における Smart Access Vehicle シミュレーションの試み」, 人工知能学会第 28 回全国大会論文集, Vol. 28, No. 1C5-OS-13b-3, 2014 年 5 月.
- 佐野 渉二, 小柴 等, 白石 陽, 平田 圭二, 野田 五十樹, 松原 仁, 中島 秀之.「はこだて圏におけるフルデマンド型交通システムの実践」, 人工知能学会第 28 回全国大会論文集, Vol. 28, No. 1C5-OS-13b-4, 2014 年 5 月.
- 中島 秀之, 松原 仁, 田柳 恵美子.「新しい交通システムを基幹とするサービス連携の提案」, 人工知能学会第 28 回全国大会論文集, Vol. 28, No. 1C5-OS-13b-5, 2014 年 5 月.
- 宮地 将大, 小柴 等, 野田 五十樹.「網羅的シミュレーションを用いた交通システムの評価手法の検討」, 人工知能学会第 28 回全国大会論文集, Vol. 28, No. 4N1-4, 2014 年 5 月.
- 宮地 将大, 小柴 等, 野田 五十樹.「網羅的シミュレーションを用いた交通システムの評価手法の検討」, 人工知能学会全国大会予稿集, No. 4N1-4,

2014 年 5 月.

- 中島 秀之, 野田 五十樹, 松原 仁, 平田 圭二, 田柳 恵美子, 白石 陽, 佐野 渉二, 小柴 等, 金森 亮.「バスとタクシーを融合した新しい公共交通サービスの概念とシステムの実装」, 第 50 回土木計画学研究発表会講演集, Vol. 49, No. 97, pp. 1–12, 2014 年 11 月.
- 宮地 将大, 野田 五十樹.「シミュレーションによる新型公共交通の段階的導入の評価手法の提案」, 情報処理学会研究報告（知能システム研究会）, Vol. 2015-ICS-178, No. 1, pp. 1–8, 2015 年 3 月.
- 中島 秀之, 田柳 恵美子, 松原 仁, 平田 圭二, 白石 陽.「新しい交通サービス実践への道程」, サービス学会第 3 回国内大会講演論文集, pp. 191–198, 2015 年 4 月.
- 宮地 将大, 小柴 等, 野田 五十樹.「シミュレーションによる SAVS 導入効果の評価」, サービス学会第 3 回国内大会講演論文集, pp. 276–283, 2015 年 4 月.
- 落合 純一, 宮地 将大, 野田 五十樹.「複数タイプの車輌が混在するデマンド型交通サービスの利便性評価」, 人工知能学会第 29 回全国大会論文集, Vol. 29, No. 1F5-OS-09b-6, pp. 1–3, 2015 年 5 月.
- 中島 秀之, 平田 圭二, 佐野 渉二.「環境知能の観点から見たスマートアクセスビークルのユーザインタフェースデザイン」, 人工知能学会第 29 回全国大会論文集, Vol. 29, No. 1F5-OS-09b-7, 2015 年 5 月.
- 藤垣 洋平, 金森 亮, 野田 五十樹, 中島 秀之.「SAVS 運行実験時の調査データを用いた都市部での DRT サービス利用意向の分析」, 第 52 回土木計画学研究発表会講演集, Vol. 52, No. 268, pp. 1–6, 2015 年 11 月.
- 佐野 渉二, 平田 圭二, 白石 陽, 松原 仁, 中島 秀之.「デマンド応答型公共交通 Smart Access Vehicle System の社会実装に向けて」, ユビキタスウェアラブルワークショップ 2015, p.18, 2015 年 12 月.
- 佐野 渉二, 落合 純一, 平田 圭二, 鈴木 恵二, 野田 五十樹, 中島 秀之.「デマンド応答型公共交通 Smart Access Vehicle System におけるモビリティサービスのクラウド化に向けて」, 情報処理学会研究報告（高度交通システムとスマートコミュニティ研究会）, Vol. 2016-ITS-64, No. 12, pp. 1–9, 2016 年 3 月.

- 中島 秀之, 落合 純一, 鈴木 恵二, 平田 圭二, 白石 陽, 野田 五十樹.「シミュレーションを用いた公共交通システムのデザイン：経過報告と今後の展開」, サービス学会第 4 回国内大会講演論文集, pp. 75–81, 2016 年 3 月.
- 落合 純一, 野田 五十樹.「大規模リアルタイムデマンド交通システムの配車問題に対する二段階探索を用いた効率化」, サービス学会第 4 回国内大会講演論文集, pp. 82–89, 2016 年 3 月.
- 落合 純一, 金森 亮, 松島 裕康, 野田 五十樹, 中島 秀之.「タクシー配車データを用いたリアルタイムデマンド交通システムの実用性評価」, 第 53 回土木計画学研究発表会講演集, Vol. 53, No. 03-03, pp. 1328–1334, 2016 年 5 月.
- 佐野 渉二, 落合 純一, 平田 圭二, 鈴木 恵二, 野田 五十樹, 中島 秀之.「デマンド応答型公共交通を用いたサービス連携プラットフォーム構築に向けて」, 情報処理学会研究報告（高度交通システムとスマートコミュニティ研究会 2016-ITS-66）, Vol. 2016-ITS-66, No. 13, pp. 1–8, 2016 年 9 月.
- 平田 圭二, 鈴木 恵二, 野田 五十樹, 落合 純一, 金森 亮, 松舘 渉, 中島 秀之, 佐野 渉二, 白石 陽, 松原 仁.「完全自動リアルタイムフルデマンド交通システム SAV 向けプラットフォームの設計と実装」, 情報処理学会研究報告（高度交通システムとスマートコミュニティ研究会 2017-ITS-68）Vol. 2017-ITS-68, No. 1, pp. 1–6, 2017 年 2 月.
- 松原 仁, 中島 秀之, 平田 圭二, 鈴木 恵二, 野田 五十樹, 佐野 渉二, 金森 亮, 松舘 渉, 落合 純一, 田柳 恵美子.「新しい公共交通システムサービスの社会実装」, サービス学会第 6 回国内大会講演論文集, No. 3-3-01, 2018 年 3 月.
- 落合 純一, 金森 亮, 平田 圭二, 野田 五十樹.「名古屋市のタクシー配車データを用いた Smart Access Vehicle Service の効率性評価」, 人工知能学会第 32 回全国大会論文集, Vol. 32, No. 1B2-OS-11b-03, 2018 年 6 月.
- 金森 亮, 松舘 渉, 和田 真.「クルーズ訪問者を対象としたタクシー相乗りサービス社会実験」, 人工知能学会第 32 回全国大会論文集, Vol. 32, No. 4F1-OS-11c-03, 2018 年 6 月.

SAVS 関連 研究成果一覧

- 中島 秀之, 松原 仁, 平田 圭二, 鈴木 恵二, 田柳 恵美子, 金森 亮, 野田 五十樹, 佐野 渉二, 落合 純一, 松舘 渉.「地域交通の未来像としてのスマートアクセスビークルサービス」, 人工知能学会第 32 回全国大会論文集, Vol. 32, No. 4F2-OS-11d-04, 2018 年 6 月.
- 山本 真之, 梶 大介, 松舘 渉, 金森 亮, 落合 純一, 三嶋 拓.「都市部における自動運転ライドシェアのシミュレーション分析」, 第 57 回土木計画学研究発表会講演集, 2018 年 6 月.
- 落合 純一, 金森 亮, 野田 五十樹, 平田 圭二.「名古屋市における Smart Access Vehicle Service の利便性に関するシミュレーション評価」, 第 57 回土木計画学研究発表会講演集, 2018 年 6 月.

解説記事
- 中島秀之, 白石陽, 松原仁.「「スマートシティはこだて」の中核としてのスマートアクセスビークルシステムのデザインと実装」, 観光情報学会誌「観光と情報」, Vol. 7, No. 1, pp. 19–28, 2011

書籍
- Itsuki Noda, Peter Stone, Tomohisa Yamashita, Koichi Kurumatani "Multi-Agent Social Simulation". Hideyuki Nakashima, Hamid Aghajan, Juan Carlos Augusto (Eds.), *Handbook of Ambient Intelligence and Smart Environments*, pp. 699–726, Springer, Oct. 2009.
- Hideyuki Nakashima, Shoji Sano, Keiji Hirata, Yoh Shiraishi, Hitoshi Matsubara, Ryo Kanamori, Hitoshi Koshiba, Itsuki Noda. "One Cycle of Smart Access Vehicle Service Development", In Takashi Maeno, Yuriko Sawatani, Tatsunori Hara (Eds.) *Serviceology for Designing the Future: Selected and Edited Papers of the 2nd International Conference on Serviceology*, pp. 247–262, Springer, Sep. 2016.

編者・執筆者プロフィール

・編者／序章＋2章執筆

中島 秀之 [ナカシマ ヒデユキ]
札幌市立大学学長。1983年東京大学大学院情報工学専門課程修了。工学博士。電子技術総合研究所に入所後，産業技術総合研究所サイバーアシスト研究センター長，公立はこだて未来大学学長（現在は名誉学長），東京大学先端人工知能学教育寄付講座特任教授を経て，2018年より現職。研究分野は人工知能，デザイン学，サービス学。趣味としても移動手段をこよなく愛し，自動車（普通），自動二輪（大型），船舶（一級），飛行機（陸上単発）の免許を所有している。(株)未来シェア取締役会長。

・編者／序章＋終章執筆

松原 仁 [マツバラ ヒトシ]
公立はこだて未来大学副理事長・教授。1986年東京大学大学院工学系研究科情報工学専門課程修了。工学博士。同年電子技術総合研究所（現・産業技術総合研究所）に入所。2000年公立はこだて未来大学教授。2016年より現職。研究分野は人工知能，ゲーム情報学，観光情報学など。観光情報学会会長（2009～14年），人工知能学会会長（2014～16年）等を歴任。スマートシティはこだてラボ長。(株)未来シェア代表取締役社長。

・編者／序章＋1章執筆

田柳 恵美子 [タヤナギ エミコ]
公立はこだて未来大学社会連携センター長・教授。2008年北陸先端科学技術大学院大学知識科学研究科博士課程修了。博士（知識科学）。科学技術分野を中心に研究広報・研究評価の企画コンサルティング業務等に携わったのち，2008年公立はこだて未来大学に着任，2013年より教授，2014年より現職。研究分野は知識科学，情報社会論，組織社会学，地域政策など。スマートシティはこだてラボ研究員。

・3章執筆

平田 圭二 [ヒラタ ケイジ]
公立はこだて未来大学教授。1987年東京大学大学院工学系研究科情報工学専門課程修了。工学博士。同年，日本電信電話株式会社（現 NTT）基礎研究所入所。1990～93年(財)新世代コンピュータ技術開発機構（ICOT）に出向。2011年より現職。研究分野は，高度道路交通システム（ITS）に加え，音楽情報学，人工知能，うつ病家族看護者の ICT 支援など。スマートシティはこだてラボ研究員。(株)未来シェア技術相談役。

・4章執筆

野田 五十樹 [ノダ イツキ]
産業技術総合研究所人工知能研究センター総括研究主幹。1992年京都大学大学院工

学研究科修了後，電子技術総合研究所（現・産業技術総合研究所）に入所。博士（工学）。ロボカップの創立メンバーとして，シミュレーションリーグの立ち上げを行い，ロボカップ国際委員会会長などを歴任。研究分野はマルチエージェント社会シミュレーション，機械学習，減災情報システム。(株)未来シェア取締役。

・5章執筆

金森 亮 [カナモリ リョウ]

名古屋大学未来社会創造機構特任准教授。2001年名古屋大学大学院工学研究科（土木工学専攻）修了。民間コンサルタント会社を経て，2007年名古屋大学大学院環境学研究科（都市環境学専攻）修了。博士（工学）。東京大学大学院工学系研究科特任助教，名古屋工業大学大学院特任准教授等を経て，2014年より現職。交通計画，交通行動分析に関する研究に従事。(株)未来シェア取締役。

・6章執筆

松舘 渉 [マツダテ ワタル]

(株)未来シェア代表取締役，(株)アットウェア取締役。1996年青山学院大学理工学部物理学科卒業。2004年(株)アットウェア設立，取締役就任。2008年同社函館ブランチ開設。2016年(株)未来シェア設立，代表取締役就任。

・7章執筆

落合 純一 [オチアイ ジュンイチ]

(株)未来シェア技術研究員。2014年筑波大学大学院博士後期課程システム情報工学研究科修了。博士（工学）。産業技術総合研究所特別研究員を経て，2017年より現職。SAVSの配車アルゴリズム開発とシミュレーション評価に従事。

・テクニカルノート執筆

鈴木 恵二 [スズキ ケイジ]

公立はこだて未来大学教授。1993年北海道大学大学院工学研究科精密工学専攻博士後期課程終了。博士（工学）。北海道大学工学部助手，助教授を経て，2000年より公立はこだて未来大学助教授，同教授，共同研究センター長を経て，2008年北海道大学大学院情報科学研究科教授。2015年より現職。研究分野は人工知能，複雑適応系，マルチエージェントシステム，観光情報学など。スマートシティはこだてラボ研究員。(株)未来シェア技術相談役。

・8章執筆

岩村 龍一 [イワムラ リュウイチ]

(株)コミュニティタクシー取締役会長。1983年愛知工業大学工学部経営工学科卒業。1987年貨物運送事業起業後，2003年(株)コミュニティタクシー設立，代表取締役に就任。地域の課題をビジネスで解決するコミュニティビジネスの具現化を目指し，乗用，貸切，乗合，特定の各事業を開業。2006年中小企業庁「Japan Venture Award 地域貢献賞」，2009年経済産業省「ソーシャルビジネス55選」受賞。2013年より現職。(株)未来シェア取締役。

プロジェクトメンバー集合写真
前列（ソファ着席）左から：平田圭二，中島秀之，松原仁，野田五十樹
後列左から：田柳恵美子，岩村龍一（着席），金森亮，松舘渉，鈴木恵二，白石陽，落合純一，佐野渉二
（*右中列立て膝は，株式会社未来シェアのスタッフ・加藤）
北海道茅部郡森町グリーンピア大沼での定例合宿にて
2018 年 12 月 27 日

索 引

欧字

AI アシスタント *44*
AI 運行バス *90, 92, 105, 107*
AI 公共交通 ..... *i, vii, xi, 23, 49, 83, 84, 89, 90, 112*
AI のアルゴリズム *50, 52, 89*
AI 配車計算 .... *v*
AI 便乗 .... *iv, 20*
AR（Augmented Reality：拡張現実）
.... *112*
Dial-a-Ride 問題 *122*
EIPs (European Innovation Partnership) *8*
IaaS (Infrastructure as a Service)
.... *32, 43*
IoT *8, 23, 42, 47, 90*
ITS (Intelligent Transport Systems)
.... *7, 9*
JTB *92–94, 107*
Kutsuplus *13, 14, 18, 20, 85*
Lyft .... *ii, 83*
MaaS ..... *i, ii, v, 1, 6, 9, 28, 32, 43, 52, 79, 83*
MaaS Global *13*
MaaS アプリ *80*
MaaS 元年 *83*
MaaS プラットフォーム .... *x*
NPO スマートシティはこだて *159*
NTT ドコモ *90, 105*
PaaS (Platform as a Service) *43*
RISTEX *27*
SAE インターナショナル *131*
SAVS *25, 29, 49, 52, 79, 83, 115, 155*
SAVS アプリ *83, 115*
SAVS 運行効率 *90*
SAVS 運行実験 *93, 95*
SAVS 実証実験 *84*
SAVS 車両 *65, 84, 90, 93*
SAVS の最適化 *57*
SAVS プラットフォーム .... *ix*
Uber *4, 83*
Uber Pool *4*
Uber X *4*
UI/UX (User Interface/User Experience) *112*
Via社 *21*
Whim *6, 11, 34*
Zipcar *3*

あ行

相乗り（ライドシェア） *1*
相乗りタクシー実証実験 *79, 97*
アットウェア *36, 83, 158*
一極集中 *59*
遺伝的アルゴリズム *56*
移動困難者 *99*
移動サービスの改革 *109*
移動需要 *106, 109, 111, 115*
移動需要の予測 *93*
移動のサービス化 *6*
移動欲求の喚起 *96*
インバウンド観光客 *107*
インバウンド交通実験 *94*
ウェアラブル *112*
オープンデータ *8, 11*
おだか e まちタクシー *15*

177

索 引

か行

カーシェア 1, 3
カープール 3
貨客混載 .... x, 50, 164
確率的アルゴリズム 121
貸切事業（一般貸切旅客自動車運送事業）
.... 139
カジュアルカープール 3
仮想化 (virtualization) 41
価値共創 28
金出武雄 131
過密デマンド実験 vii
過密デマンド乗合い実験 90
完全自動運行 158
機械学習モデル 76
区域運行型 147, 152
偶然性や一回性の体験 50
組合せ最適化問題 120
クラウド API ix
クラウド化 32, 33, 42, 43
群衆の知 52
ケヴィン・ケリー 40
高需要地域 .... iv, 18, 90
交通行動データ 72, 75, 78, 80
交通行動モデル 76, 78
交通弱者 1, 2, 15, 65
交通手段選択行動の分析事例 ... 75
交通手段選択モデル 76
交通需要 69
交通需要分析 72
交通需要予測 72
肯定（追従）バイアス 79
行動軌跡データ 72
行動変容 6, 109
高密度高需要地域 vii
高密度高需要デマンド vi
国立研究開発法人新エネルギー・産業技
　術総合開発機構 (NEDO) 105
個人タクシー 148

コネクティッドカー 44, 112
碁盤目都市 55
個別化 (personalization) 41
コミュニティタクシー 136
コミュニティバス 15, 100
コンビニクル 18

さ行

サービス科学 27
サービス混載 50
サービスプラットフォーム ... 6, 29, 34
最適化アルゴリズム 120
サイバーアシスト研究センター 54
山陰インバウンド機構 94, 107
自動運転 32, 44, 65, 107, 131–133
シビックテック (Civic Tech) 8
社会的創発としてのサービス (Service as
　Social Emergence) 52
住宅団地のシルバータウン化 137
集約化 (convergence) 41
巡回セールスマン問題 ... 57, 116, 120
準最適解 57
乗用事業（一般乗用旅客自動車運送事業）
.... 139
スケールフリー 20
スケールフリー化 1
スマートシティ .... vii, 7, 20
スマートシティプラットフォーム x
スマートモビリティ革命 ...... i, 8, 20
スマートモビリティ社会 49
生活環境のフラット化 44
生活環境のモードレス化 48
政策操縦バイアス 79
正当化バイアス 79
戦後モータリゼーション 1

た行

大規模デマンド交通 18
体験化 48

178

体験としてのモビリティ (Mobility as an Experience, MaaE)...... *43, 48, 52*
第 3 世代のデマンド交通......... *18*
代表交通手段............... *70, 80*
対話型 AI................... *112*
タクシー特別措置法............ *149*
多元的最適化............. *18, 20*
多元的最適化のための計算プラットフォーム.................. *52*
脱自動車..................... *4*
端末交通手段................. *70*
地域公共交通............. *1, 140*
逐次最適挿入法............... *57*
知的エージェント............. *53*
通勤トリップ................. *70*
月極定額地域限定乗合タクシー.... *135*
つばめタクシー............... *99*
定額制（サブスクリプション）..... *80*
定額乗合タクシー............. *100*
定額料金制................ *6, 13*
デジタルコンバージェンス..... *42, 44*
デマンド交通.... *ii, 2, 13, 15, 17, 18, 20, 53, 90, 109, 133, 143*
ドアツードア............ *2, 16, 94*
道路運送法......... *139, 145, 150*
特定事業（特定旅客自動車運送事業）
.... *139*
特定目的交通 (Special Transportation Service: STS)....... *ii, 15, 16, 99*
都市型デマンド交通.......... *21, 53*
都市型フルデマンド公共交通... *28, 158*
トリップ............. *65, 69, 80, 99*

な行

中村まちバス............... *15, 23*
二極集中..................... *60*
二次交通................... *107*
ノマド的な................... *44*
乗合事業（一般乗合旅客自動車運送事業）
.... *139*
乗合タクシー.............. *15, 107*

は行

パーク&ライド................ *6*
パーソントリップ (PT: Person Trip) 調査...................... *69*
配車アプリ.................. *97*
配車アルゴリズム............ *106*
配車計算............... *vi, 115*
配車計算プラットフォーム...... *164*
配車要求（デマンド）.......... *90*
配分交通量................... *73*
発見的解法.................. *121*
発生・集中交通量............. *72*
バリアフリー化............... *4*
ファーストマイル.............. *v*
福祉タクシー................. *ii*
福祉バス.................... *ii*
フライブルク................. *6*
フルデマンドバス........... *24, 26*
フルデマンド方式............. *23*
フレーミング効果............. *75*
分担交通量................... *73*
分布交通量................... *73*
ヘルシンキ地域交通局 (HSL)..... *11*
変動需要................... *106*
報酬（インセンティブ）........ *3, 6*
法令の壁.................... *148*

ま行

マッチングプラットフォーム........ *4*
マルチエージェント技術.......... *vi*
マルチエージェントシミュレーション
.... *24, 26*
マルチエージェント社会シミュレーション (MASS)...... *vii, 18, 50, 84, 89*
マルチデマンド............. *89, 90*
マルチデマンド運行............ *109*

179

索 引

マルチデマンド公共交通 *158*
マルチデマンド交通 .... *iv, 112*
マルチデマンド配車計算 ... *86, 90, 99*
マルチデマンド方式 *20, 84*
マルチモーダル .... *v, 7*
マルチモーダル (multi-modal) 化 *1*
マルチモーダル旅程プランナー *9, 11, 13, 21, 43, 45, 46*
ミーティングポイント *2, 13, 16, 152*
未来シェア *36, 84, 90, 129, 135, 158*
無制約バイアス *79*
メタヒューリスティクス *121*
モードレス化 *48*
モビリティ IT *159*
モビリティ革命 *1, 83*
モビリティプラットフォーム *28*
モビリティプログラミング *34, 43, 46, 48, 52*

や行

四段階推定法 *72*

ら行

ライドシェア *1, 3*
ライドヘイリング *4, 45, 97*
ラストマイル .... *v, 70*
ランデブー問題 *133*
リアルタイム完全自動配車システム
　 .... *89*
リアルタイムデマンド *115*
リアルタイムフルデマンド交通 ..... *iv*
リアルタイムロケーションシステム ... *x*
利用意向データ *78*
利用者の迂回時間 *122*
利用者の車両待ち時間 *122*
旅程プランナー (multimodal trip planner) *6*

レンタカー .... *v, 3, 6, 10, 13, 34, 94*
連邦公共交通局 (FTA) *21*
ロサンゼルスメトロ *21*
ロジットモデル *74, 75, 77*
路線定期運行型 *147*
路線不定期運行型 *147*

スマートモビリティ革命
未来型AI公共交通サービスSAVS

Ⓒ 2019 Hideyuki Nakashima, Hitoshi Matsubara, Emiko Tayanagi
Printed in Japan

2019年 2月28日　初版第1刷発行

編著者	中島　秀之
	松原　　仁
	田柳　恵美子
著　者	スマートシティはこだてラボ＋未来シェア
発行者	片桐　恭弘
発行所	公立はこだて未来大学出版会

〒041-8655　北海道函館市亀田中野町116番地2
電話 0138-34-6448　FAX 0138-34-6470
http://www.fun.ac.jp/

発売所　株式会社 近代科学社

〒162-0843　東京都新宿区市谷田町2丁目7番地15
電話 03-3260-6161（代）　振替 00160-5-7625
http://www.kindaikagaku.co.jp/

万一，乱丁や落丁がございましたら，近代科学社までご連絡ください．

ISBN978-4-7649-5556-1　　　藤原印刷
定価はカバーに表示してあります．

公立はこだて未来大学出版会 刊行書籍

Processing プログラミングで学ぶ
情報表現入門

著者：美馬 義亮
B5 変型・144 頁・定価 2,000 円＋税

マリン IT の出帆
― 舟に乗り海に出た研究者のお話 ―

著者：和田 雅昭＆マリンスターズ
四六判・160 頁・定価 1,800 円＋税

知能の物語

著者：中島 秀之
B5 変型・272 頁・定価 2,700 円＋税

未来を創る
「プロジェクト学習」のデザイン

編者：美馬 のゆり
著者：冨永敦子・田柳恵美子
B5 変型・196 頁・定価 2,500 円＋税